YA NO SEA UNA VICTIMA

Respuestas para el dolor interior

Burton Stokes
y
Lynn Lucas

Editado por *Betty Stokes*

Derecho de autor 2001 — P.B. Stokes y Lynn Lucas

Todos los derechos reservados. Este libro está protegido bajo las leyes del derechode autor de los Estados Unidos de América. Prohibida su copia o reproducción para beneficio o lucro comercial. El uso de citas cortais y de vez en cuando la copia de una página para su uso en algún grupo, es permitida y alentada. El permiso será otorgado con una simple petición. Todas las escrituras han sida tomadas de la Versión Reina Valera, a menos que se indigue lo contrario.

**Destiny Image® Publishers, Inc.
P.O. Box 310
Shippensburg, PA 17257-0310**

"Hablando de los Propositos de Dios papa Esta Generación y las Generaciones Venideras."

ISBN 0-7684-2058-X

Para Distribución Mundial
Impreso en los Estados Unidos de América

This book and all other Destiny Image, Revival Press,
MercyPlace, Fresh Bread, Destiny Image Fiction,
and Treasure House books are available
at Christian bookstores and distributors worldwide.

For a U.S. bookstore nearest you, call **1-800-722-6774**.
For more information on foreign distributors,
call **717-532-3040**,
Or reach us on the Internet: **www.destinyimage.com**

DEDICACION

A todos los pastores, ministros, consejeros, laicos preocupados y trabajadores compasivos en el Reino de Dios que trabajan en los campos y las viñas del Amo para traer el fruto del Evangelio de Jesucristo a las vidas dañadas y a la gente sufriendo. Que este libro sea una verdadera ayuda para hacer brillar la luz del Evangelio en los lugares oscuros y escondidos y que la verdad, luz, misericordia y gracia lleguen a las víctimas de aquel que ha venido a "robar, matar y destruir".

Nuestra oración es que la información en este libro sea de ayuda y animación para usted y un aliento para usted que labora en Su amor y que el Espíritu Santo del Dios viviente le guíe y dirija a traer sanidad y el poder de liberación de la Cruz a aquellos que están enfermos en alma y cuerpo. ¡A Dios sea la gloria!

RECONOCIMIENTO

Estamos profundamente agradecidos a Dios por los miembros de Living Faith Church en San Antonio, Texas y Fountainhead Congregation en Elwood, Long Island, New York. Ellos nos han apoyado con mucho amor para escribir este libro y han orado por nosotros y nos han animado en todos los tiempos difíciles hasta que se terminó este libro. Gracias además a los líderes de ambas iglesias que cubrieron responsabilidades ministeriales para darnos libertad para escribir.

Toma mucha gente para ver la existencia de un libro y nos gustaría agradecer personalmente a las siguientes personas:

A Betty Stokes, nuestra editora, le damos nuestro amor y apreciación por su disposición para trabajar horas largas y pesadas para ver a este libro convertido en realidad. (Betty, este libro hubiera sido una pesadilla si no hubiera sido por tu dedicación y arduo trabajo para editar y traducir mi letra a una ortografía y gramática entendibles. Gracias por lo que debes haber visto como una tarea interminable. Lynn)

Apreciamos la disponibilidad de Susan Weddington para estar levantada por las noches para asegurarse que los manuscritos estuvieran alineados e impresos a tiempo para la fecha límite.

Nuestras agradecimiento para Kathy Petraitis por leer y editar porciones del manuscrito y por su ayuda en tiempos que muchas cosas debían hacerse rápido.

CONTENTS

	PROLOGO	viii
Capítulo I	INTRODUCCION	1
Capítulo II	LA REALIDAD	5
Capítulo III	EL CONFLICTO ESPIRITUAL	9
Capítulo IV	LA INIQUIDAD	23
Capítulo V	EL RECHAZO	49
Capítulo VI	LA REBELION	65
Capítulo VII	ADICCIONES Y COMPULSIONES	81
Capítulo VIII	INTRODUCCION A LAS VICTIMAS Y EL AGRESOR	97
Capítulo IX	EL INCESTO Y EL ABUSO SEXUAL	99
Capítulo X	EL ABUSO FISICO	121
Capítulo XI	EL ABUSO PSICOLOGICO	135
Capítulo XII	EL ABUSO CONYUGAL	151
Capítulo XIII	EL AGRESOR	181
Capítulo XIV	EL MIEDO	191
Capítulo XV	EL CUIDADO POSTERIOR	209

PROLOGO

La antigüedad nos ha enviado la comprensión que "para darnos cuenta del valor del ancla necesitamos sentir la presión de la tormenta". *Ya no sea una víctima* es un libro acerca de la intensidad de los huracanes que roban al alma de su descanso, estropean la personalidad y dejan a la persona y su valor propio en estupor roto. En todo esto hay una aseveración quieta que el ancla sostiene: Cristo es la respuesta y toda fuerza demoniaca has sido conquistada por El.

Stokes y Lucas combinan una penetración aguda en los problemas humanos con una teología igualmente refinada que encuentra *Ya no sea una víctima* como una adición bienvenida a la biblioteca personal de la persona interesada. Los autores, ambos consejeros y pastores, comparten una verdad práctica que trae la teoría de su posición alti va a un nivel en donde vivimos.

La fe siempre merece el freno de una mente sobria. Este libro trae la fe y sobriedad al altar y asegura un matrimonio dinámico de los dos.

Dios y Su Palabra son el fundamento en que el texto de *Ya no sea una víctima* se basa.

Dr. Sam Sasser

Capítulo I
INTRODUCCION

El propósito de este libro es compartir los resultados de años de estudio y experiencia ministerial, con la esperanza de que lo que hemos aprendido sea de beneficio para los demás. Nada aprendido a través de la experiencia en la Escuela de Ministerio del Espíritu Santo es de propiedad privada, y las revelaciones recibidas nos pertenecen a nosotros y a nuestros hijos para siempre, mas las cosas secretas pertenecen a Dios.

No nos es posible escibir el capítulo final diciendo: "¡Eso es todo, no hay más!" creemos que debemos compartir lo que hemos adquirido, esperando y orando que sea una bendición a muchos que se encuentran cautivos de algo que no entienden, pero que saben sin embargo es verídico.

En el campo médico los resultados de experimentos iniciales y esfuerzos explorativos se reportan, no para inflar el ego de los investigadores, sino para proveer ayuda,

esperanza y expectación a aquellos que están pensando y explorando problemas similares.

Con la llegada del movimiento Pentecostal Clásico y recientemente el movimiento Neo-Pentecostal del siglo XX, ha habido un movimiento mayor en la cristiandad de una religión mística e intelectual, a una experiencia de Cristo mucho más personal y tangible.

Con la venida en poder del Espíritu Santo ha habido un creciente entendimiento y sensibilidad al mundo espiritual. La gente está viendo que hay causas de los problemas que no provienen del campo natural, sino del sobrenatural.

Mientras una gran parte de la cristiandad se limita a el "pensamiento del mundo occidental", el cual fué formado por la Reformación, las filosofías del Racionalismo y la "Ilustración", un segmento significante de la cristiandad hoy en día es de naturaleza "carismática" en varios grados.

El propósito de este libro no es de discutir las definiciones teológicas del bautismo del Espíritu Santo. Estamos eludiendo la teoría académica y entrando directamente al laboratorio donde las cosas suceden y uno aprende pronto que la teología académica no siempre provee respuestas prácticas. Muchas veces es necesario descartar nociones preconcebidas de cómo están las cosas y volver a una interpretación más literal de la Biblia. Desde hace tiempo hemos aprendido que la Biblia enseña que Dios tiene respuestas prácticas a los problemas de esta vida sin tan solo abrimos los ojos y los oídos mientras estudiamos la Palabra, y si oramos fervientemente por Su sabiduría y dirección.

El propósito de este libro no es de debatir la existencia y operación del diablo, ni la presencia de demonios en nuestro mundo. Este libro será de muy poca utilidad para usted si no acepta que tales cosas existen. En el consultorio de un médico algunos pacientes no creerán en la existencia y prevalencia de microbios, bacteria y virus porque no son discernibles por los sentidos, pero el médico no discutirá el tema antes de intentar el diagnóstico y tratamiento.

El único libro de texto digno de confianza que provee respuestas definitivas a los problemas espirituales es la Santa Biblia. Cualquiera que sea nuestra experiencia seguimos refiriéndonos a este baluarte y fundamento de la verdad para guiarnos.

Por muchos años la ciencia médica ha reconocido la conexión entre el cuerpo y el alma y cómo se relacionan a la salud. Hemos escuchado varias cantidades referentes a cuántas enfermedades hoy en día se originan no en el cuerpo, sino en el alma. Los términos "enfermedad psico somática" y "enfermedad derivada de la tensión" has existido por un largo tiempo y la profesión médica reconoce la conexión. Algunos investigadores indican que el porcentaje de pacientes en los hospitales y las salas de espera en los consultorios médicos, los cuales sufren de enfermedades psicosomáticas o derivadas de la tensión pueden llegar a un 80%.

Si la enfermedad del alma afecta a un porcentaje tan alto de los pacientes, ¿no sería acaso obligatorio de nuestra parte el concentrarnos en las causas y la cura de los "problemas del alma"? ¿no respondería el cuerpo de acuerdo a eso? El aumento drámatico de los problemas sociales se relaciona a los "problemas del alma" del individuo. El gran número de psiquiatras, psicólogos y consejeros que están intentando tratar las psicosis y problemas menores de desadaptación de individuos, son una reflexión de hasta que punto hay aflicción en el alma.

Todos buscan respuestas para la paz interior y contentamiento, pero pocos son los que encuentran alivio duradero a la tortura y cautiverio interior. Aun entre los cristianos la cantidad de enfermedades psicomáticas y las causadas por la tensión es solamente un poco más baja que las de los no creyentes. Todos buscan la llave que abra la prisión interior. Algunos la buscan en las drogas y el alcohol, otros en el sillón del terapista, unos siguiendo a algún guru oriental y otros por diferentes caminos. Mientras unos cuantos han encontrado cierto grado de alivio de sus síntomas a través de estos caminos, el cautiverio permanece el cual hace que el individuo sepa en su corazón que aun se encuentra prisionero y víctima de una opresión oculta. El evangelio de Jesucristo es que El vino a reconciliarnos con Dios y a salvarnos de nuestros enemigos. Vino a librarnos y aquel que el Hijo librare, será verdaderamente libre.

Es nuestro deseo sincero que lo que se presenta en este libro abrirá las puertas y ventanas de la cárcel para que entre la luz y el aire, para que los prisioneros vean una Luz Enorme y haya así esperanza, libertad y sanidad para sus almas y cuerpos.

Capítulo II

LA REALIDAD

En Romanos 1:20 el apóstol Pablo escribiendo bajo la inspiración del Espíritu Santo declara:

"Porque las cosas invisibles de él, su eterno poder y deidad, se hacen claramente visibles desde la creación del mundo, siendo entendidas por medio de las cosas hechas, de modo que no tienen excusa".

Luego en II de Corintios 4:18 leemos:

"No mirando las cosas que se ven, sino las que no se ven; pues las cosas que se ven son temporales, pero las cosas que no se ven son eternas".

La Biblia expone claramente la existencia del universo invisible y declara la naturaleza transitoria del mundo fisico. Jesús mismo declaró: *"El cielo y la tierra pasarán, pero mis palabras no pasarán".* En otro lugar El dijo: *"Pero más fácil es que pasen el cielo y la tierra, que se frustre una tilde de la ley".* En Lucas 16:17 Jesús dijo que *"es más fácil que el cielo y la tierra pasen, que un tilde de la ley se frustre".* Por la tanto podemos caminar con la certeza de que las leyes y pricipios espirituales son más duraderos e inmutables que las cosas naturales.

Si aceptamos que el mundo físico es una representación incierta del mundo oculto espiritual, debemos tratar con leyes espirituales tanto como las leyes fisicas, siendo las leyes espirituales más grandes y eminentes que las físicas. Somos seres espirituales y por lo tanto estamos sujetos a leyes espirituales tan cierta e inmutablemente como estamos sujetos a las leyes físicas.

Las leyes de la dinámica, gravedad, luz, etc. son constantes, consistentes y universales a través de la creación. Es sobre esta verdad fundamental que nuestra ciencia y tecnología moderna se basan. No podemos anular la ley de gravedad, solo podemos invocar una ley más alta semejante a la areodinámica. No hacemos que la gravedad deje de ejercer su poder sobre nosotros cuando estamos a 30,000 pies de altura en un jet moderno, simplemente estamos usando otro principio, otra ley, para vencer temporalmente los efectos de la gravedad. Si se comprometiera la integridad de la ley de areodinámica la consecuencia de gravedad sería certera y predecible. Lo mismo sucede con las leyes espirituales. Podemos cooperar con las leyes físicas para nuestro propio bien o pasarlas por alto y violarlas, poniéndonos en peligro. De la misma forma, podemos cooperar con las leyes espirituales y prosperar o ignorarlas y violarlas para nuestro dolor.

Leemos en Romanos 8:2: *"Porque la ley del Espíritu de vida en Cristo Jesús me ha librado de la ley del pecado y de la muerte"*. Siempre y cuando permanezcamos funcionando en la ley del Espíritu de vida en Jesucristo (una ley más "alta") seremos libres de la ley del pecado y la muerte. Aunque la ley del Espíritu de vida en Jesucristo está disponible para nosotros, Dios no repugnó la ley del pecado y de la muerte. Si violamos la ley del Espíritu de vida, la ley del pecado y de la muerte toma control.

Para ayudar a tratar con la realidad espiritual es necesario un ejemplo que podamos ver, tocar, saborear, oler y oír. El universo físico no es dado como un modelo. Las cosas invisibles (espirituales) se entienden a través de las cosas visibles (físicas). (Rom. 1:20).

El mundo físico enseña elocuentemente acerca del mundo espiritual. Jesús usó inumerables ejemplos tomados de la naturaleza para ilustrar el Reino de Dios. El habló y enseñó en parábolas, estando solo algunas de ellas registradas en los evangelios. Frecuentemente se registra que Jesús dijo: *"El Reino de Dios es como..."* y se procede entonces a dar un ejemplo de la naturaleza para ilustrar un principio espiritual. Esto no era una simple expresión poética para comunicarse con una cultura agraria. El hablaba a todos, tanto judíos como gentiles, ricos y pobres, publicanos y pordioceros, médicos, eruditos y pescadores analfabetas. No era un solo caso de uso de simbolismo universal, sino que estaba ilustrando paralelos entre lo real y la sombra. Cada ejemplo en la naturaleza tenía su contraparte espiritual: semillas, fruta, gavillas, desarrollo progresivo, etc. No fue ni accidente ni coincidencia que Jesús empleara estos ejemplos. El creó el universo físico, lo estableció y sostiene todas las leyes del universo por el poder de Su palabra. El produjo la hierba con semilla porque hay una realidad espiritual de la cual esa es solo una sombra. El produjo árboles frutales porque hay en ellos un reflejo de una ley espiritual. ¿Por qué pensamos que es extraño que Dios dijera en Hebreos 2:2-3?:

"Porque si la palabra dicha por medio de los ángeles fue firme, y toda transgresión y desobediencia recibió justa retribución, ¿cómo escaparemos nosotros, si descuidamos una salvación tan grande? La cual, habiendo sido anunciada primeramente por el Señor, nos fue confirmada por los que oyeron".

Capítulo III
EL CONFLICTO ESPIRITUAL

Hasta la venida de Jesucristo hace casi 2,000 años, no había habido ningún hombre sobre la tierra por 4,000 años que tuviese autoridad sobre el príncipe de la potestad del aire y todos sus acompañantes. Dios dijo en Génesis 1:26: *"Hagamos al hombre a nuestra imagen, conforme a nuestra semejanza; y señoree en los peces del mar, en las aves de los cielos, en las bestias, en toda la tierra"*. A Adán le fue dado el mandamiento de dominar la tierra y gobernarla. Estos son los términos de autoridad. Se debe recordar que Adán era el único hombre sobre la tierra en aquel entonces cuando Dios le dio ese mandamiento. (No fue hasta después de la caída que Dios reveló la tensión que surgiría entre el hombre y su esposa).

El mandamiento de dominar la tierra implica la existencia de algo que está en contra del mando y orden de Dios. Si no hubiera conflicto u oposición al mando de Dios, no existiría la necesidad de ejercitar poder y autoridad para dominarlo. La pregunta inmediata es: ¿qué es lo que Adán tenía que dominar y gobernar? ("Adán" incluye tanto a el hombre como a la mujer porque Dios les dio el nombre Adán).

En el primer versículo de Génesis 3 vemos la primera declaración que hizo Dios respecto a la serpiente, la manifestación de Satanás. *"Pero la serpiente era astuta, más que todos los animales del campo que Jehová Dios había hecho"*. La serpiente estaba en el jardín. Adán tenía autoridad sobre ella, pudo haberle ordenado que saliese del jardín y la serpiente hubiera obedecido. Al entrar en diálogo con la serpiente, Adán y Eva abrieron la puerta a la decepción y el engaño. Al escuchar a la serpiente astuta decidieron que querían vivir alejados de la autoridad de Dios, ejerciendo su propia voluntad antes que la de Dios y por su transgresión cayeron . Gracias a su caída, Adán perdió su autoridad sobre los espíritus y la guerra que comenzó en los cielos mucho antes que Dios dijera: "Hágase la luz" en el jardín del Edén. Adán, hecho a la imagen conforme a la semejanza de Dios, fue la primera pérdida.

Una de las verdades más importantes que se puede aprender es que el hombre fue creado para dominar. La primera declaración concerniente al hombre en la Biblia lo dice.

Génesis 1:26 dice:

"Entonces dijo Dios: Hagamos al hombre a nuestra imagen, conforme a nuestra semejanza; y señoree en los peces del mar, en las aves de los cielos, y sobre toda la tierra".

No debe uno sorprenderse que dentro del hombre haya la propensión a dominar, la cual fue puesta ahí por Dios y la cual no es mala en sí. Es la perversión de este empuje la que es mala. En la lista de las cosas sobre las cuales Dios les dio dominio, ni el hombre ni la mujer se mencionan. Todos somos labradores en la misma viña y no somos ni esclavos ni amos. La tarea que Dios le dio a Adán era muy clara y Adán sabía muy bien lo que se esperaba de él. La Biblia nos indica que Dios sopló el aliento de vida dentro de Adán, el cual llegó a ser un alma viviente. La traducción en hebreo para el alma es "nephesh". Cualquier cosa que tenga vida y aliento es "nephesh" por definición. "Nephesh" también se traduce "vida". Es equivalente en griego a la palabra "psuche", de la cual se deriva la palabra "psique". Lo que diferenciaba a Adán de los animales era que él era un "alma viviente". El llegó a ser una creatura viviente, un alma con "vida", era un alma que tenía una calidad de vida separada y apartada de una simple existencia biológica. La palabra hebrea para esta vida es "chay" y equivale a la pal abra griega "zoe". Adán tenía dos formas de vida: nephesh and chay. Dios le dijo a Adán, *en el día en que comieres de la fruta, ciertamente morirás*". El día que Adán pecó perdió su "chay", pero todavía tenía el "nephesh". El "chay" era la vida dada por el aliento del espíritu de Dios. La misma pal abra se emplea en Daniel 12:2 y se traduce "vida eterna". Era basado en el "chay" o espíritu de Dios que Adán tenía autoridad sobre los espíritus, pero dependía de Adán el emplear dicha autoridad.

No hay ningún registro en el Antiguo Testamento de que hubiera alguna persona que fuera liberada de un espíritu maligno. Cuando David tocaba el arpa, el espíritu maligno que atormentaba a Saúl desaparecía por un corto tiempo. El salmista cantaba y tocaba bajo la unción del espíritu de Dios y el espíritu diabólico huía de su presencia. Además de esa ocasión, hay poco de lo que Dios opinaba del asun to hasta que Jesús comenzó Su ministerio público. Hasta ese entonces el hombre solamente podía evitar la infección espiritual por medio de una meticulosa higiene espiritual. Por esta razón Dios tuvo que separar a Su pueblo de aque llos tales como los cananeos, los cuales estaban infectados con espíritus diabólicos.

La única esperanza para evitar que el hombre no cayera en la cautividad de espíritus inmundos y diabólicos era la de caminar en "senderos limpios". Solo a través de la obe diencia a Dios habría un escudo protector rodeando al hombre, es por eso que Dios dijo que El era un escudo para aquellos que anduvieran en forma recta. La cuarentena nacional era el único recurso hasta que llegó Aquel que tenía el poder (autoridad) sobre los espíritus malignos y el "chay" (vida eterna) la cual tenía en El y podría una vez más ser impartida al hombre mortal (nephesh).

En el relato del Evangelio vemos a Jesús confrontando al reino de las tinieblas donde quiera que El fuese. Jesús vino no solo para proclamar el Reino de Dios, sino para demonstrarlo y establecerlo en la tierra. La batalla pasó de una estrategia totalmente defensiva a una ofensiva.

Confrontando las obras del diablo y destruyéndolas, Jesús sanó a los enfermos, resucitó a los muertos y echó fuera a los demonios. Estas eran las señales del Reino, las cuales habían sido profetizadas. No solo Jesús hizo esas cosas sino que enseñó y encargó a sus discípulos a hacer las mismas cosas. En Lucas 10:19 Jesús les dijo a Sus discípulos:

"He aquí os doy potestad de hollar serpientes y escorpiones, y sobre toda fuerza del enemigo, y nada os dañará".

El verbo griego en pretérito es "Yo les he dado". Ya tenían el poder y la palabra "poder" es más bien traducida como "autoridad" (del griego "exousia"). Los discípulos tenían autoridad sobre el "poder" del enemigo. Esta palabra es la palabra griega "dunamin" que también se traduce como "poder milagroso" o "el poder de hacer milagros". Así les dio la autoridad de subyugar las manifestaciones y obras sobrenaturales del enemigo.

Jesús demostró cómo Adán debería de haber funcionado. Vino a hacer la voluntad del Padre. A Adán se le había dado la misma autoridad y la misma comisión. En Juan 20:21 Jesús les dijo a sus discípulos: *"Como me envió el Padre, así también les envío yo".* Como Dios sopló aliento de vida en Adán, así también Jesús sopló sobre Sus discípulos y les dijo: *"Recibid el Espíritu Santo"* (Juan 20: 23b). Cuando "nacemos de nuevo" recibimos la vida del espíritu de Dios en nuestro ser y tenemos la autoridad de esa vida interna.

Jesús oraba diariamente al Padre para poder discernir Su voluntad. Adán y Dios se comunicaban a diario en la frescura del día, la diferencia es que Jesús siempre escogió la voluntad del Padre, aun hasta la muerte. Adán escogió su propia voluntad, desobedecien- do a Dios y perdiendo así su vida y su autoridad sobre los espíritus. Es por eso que toda autoridad fue otorgada a Jesús y El ha delegado esa autoridad a Sus discípulos, *"como me envió el Padre, así también les envío yo a ustedes",* y justo antes de su ascensión al Padre les dijo a Sus discípulos que fuesen al mundo a predicar el evangelio, a sanar a los enfermos, a echar fuera demonios y a hacer discípulos, enseñando a los demás a hacer las mismas cosas que ellos aprendieron. El no les dijo que se detuvieran o que hicieran sólo algunas de las cosas que habían aprendido y no otras. El les dijo: *"Enseñándoles (las naciones) que guarden **todas** las cosas que os he mandado; y he aquí estoy con vosotros todos los días , **hasta el fin del mundo**"*. (Mateo 28:20)

El ministerio de Jesús es un ejemplo para nosotros de qué hacer y cómo hacerlo. En Juan 14:12 Jesús le dijo a Sus discípulos:

"En verdad, en verdad les digo: El que en mi cree las obras que yo hago él las hará también; y aun mayores hará porque yo voy al Padre".

Hay muchos pasajes que apoyan elmandato de establecer el Reino de Dios. Tenemos que ser vencedores y nada nos será imposible. Jesús vino a ministrar al hombre por completo: cuerpo, alma y espíritu. Vino para que tuviéramos vida (chayim or zoe) y una vida abundante, todo lo contrario al ladrón que viene a matar, a robar y a destruir.

Estamos en una batalla espiritual, querramos o no admitirlo. Mostrando una postura ignorante no quiere decir que haya protección en contra de las conspiraciones astutas, destructivas y diabólicas del enemigo. Podemos aprender a luchar y ganar o escoger quedarnos en la oscuridad y esperar a ser destruidos.

En una guerra es esencial conocer al enemigo. Dios nos ha dado toda la información que necesitamos para destruirle y vencerle. Nos es preciso estudiar lo oculto para saber como derrotar a Satanás y sus artimañas. El apóstol Pablo nos dijo que no somos ignorantes de las artimañas de Satanás. El estudio de la moneda falsa no nos enseña lo que debemos saber para descubrir la moneda falsificada, lo único que debemos saber es cómo se ve y cómo se siente la moneda genuina y podremos conocer la moneda falsa. Cuando conocemos a fondo la verdad podremos detectar la mentira. "*Conocereis la verdad y la verdad os hará libres*". (Juan 8:32).

Dios dio al hombre dominio sobre las obras de Sus manos. Para poder tener autoridad en la tierra se tiene que nacer de la mujer, es decir de la raza humana. Cuando decimos "hombre" usamos el término para indicar tanto hombre como mujer. Dios hizo al hombre a Su imagen y semejanza, "*varón y hembra los creó*" (Gen. 1:27b). Dios puso al hombre en la tierra para gobernarla y cumplir la voluntad de Dios. Dios no dio el dominio a los ángeles, loa animales o los minerales. La voluntad del hombre debía ser la expresión de la voluntad de Dios. Si Satanás iba a expresar su voluntad, tendría que lograrlo por medio de la voluntad del hombre. Dios, habiendo otorgado el control al hombre, tenía que obrar por medio del hombre para conseguir Su voluntad. La batalla entre Dios y Satanás se convirtió en una batalla por la voluntad del hombre. Dios busca a un hombre que hará Su voluntad. Satanás busca a uno que hará la suya. Jesús dijo: "*Yo no busco mi propia voluntad, sino la del Padre quien me ha enviado*" (Juan 5:38b).

La voluntad del hombre determina su carácter, las decisiones que él tome y sus acciones ayudarán a avanzar ya sea el Reino de Dios o el de Satanás. Dios quiere que le sirva mos con una buena disposición y de nuestro libre albedrío. Satanás usa todas las armas que pueda para hacer que la gente haga su voluntad, ya sea libremente o forzosamente. El se valdrá de mentiras, decepción o fuerza para lograr que alguien lleve a cabo sus artima ñas nefas tas para matar, robar y destruir. Cuando no estamos haciendo la voluntad del Señor, estamos haciendo la de Satanás. No hay punto medio. Si no estás a favor de Dios, estás en Su contra.

Un esclavo es alguien que hace la voluntad del amo y no tiene más remedio que obede cerle. En la guerra los cau tivos se vuelven esclavos. No pueden escapar y tienen que trabajar para sus amos sin más recurso. Hoy en día hay campamentos de esclavos que se encuentran en algunas partes del mundo, donde convictos o prisioneros políticos son forzados a trabajar para el "estado". De esta misma manera Satanás mantiene a sus prisioneros en cautiverio y los forza a hacer su voluntad. Jesús vino a liberar a los cauti vos, a abrir las puertas de las prisiones y soltar a los cautivos. Así como el Señor envió a Jesús, así también nos manda a nosotros. *"Ciertamente el obedecer es mejor que los sacrificios, y el prestar atención que la grosura de los carneros"*. (I Sam. 15:22b)

El hombre es espíritu, tiene un alma y vive en un cuer po. Para poder controlar al cuer po del hombre y hacerlo que haga su voluntad, Satanás debe controlar la voluntad del hombre. La voluntad es parte del alma del hombre. El alma abarca la mente, las emocio nes y la voluntad del hombre. Hay dos maneras de llegar a la voluntad. Una es por la mente y la otra por las emociones. Satanás tratará de controlar nuestras acciones para engañarnos acerca de la verdad. Uno de sus trucos más efectivos es el de man tenernos ignorantes de la Palabra de Dios. Si no conoce mos la verdad, entraremos en ataduras, y al mantenernos en la oscuridad Satanás está libre para engañarnos. Una de las armas más poderosas es una mente no renovada que se encuentra llena de "sabiduría del mundo". Cuando decidimos pensar con razón y lógica desprovista de la sabiduría y conocimiento de Dios, fallaremos siempre y ter minaremos haciendo la voluntad del enemigo. La Biblia nos dice que hay un camino que parece correcto al hom bre pero su fin es la MUERTE.

Si Satanás puede convencernos de que la verdad es una mentira y hacernos creer que esa es la verdad, nos ape garemos a eso, actuaremos de acuerdo a ello y nos traerá la muerte. II de Corintios 4:3-4 declara:

"Pero si nuestro evangelio está aún encubierto, entre los que se pierden está encubierto;

en los cuales el dios de este mundo cegó los pen samientos de los incrédulos, para que no les resplan dezca la iluminación del evangelio de la gloria de Cristo, el cual es la imagen de Dios".

Sin el conocimiento de la Palabra de Dios y con nuestro propio razonamiento, caminaremos en las trampas y fosas del enemigo sin darnos cuenta. Con enseñanzas falsas, doctrinas falsas y herejías estaremos haciendo la voluntad de Satanás, pensando al mismo tiempo que estamos siguiendo a Dios. Estaremos haciendo cosas malas malas por buenas razones. Saul de Tarso persiguió a la iglesia de Jesucristo con gran entusiasmo, pensando que le estaba haciendo un favor a Dios. Cuando sus ojos se abrieron a la verdad, él predicó el evangelio con el mismo fervor y él mismo fue también perseguido. La falsa doctrina del humanismo es un arma muy eficaz de Satanás, porque se conforma a nuestra idea del bien y el mal, el cual pone énfasis en la justicia y la ética según las circunstancias, mientras excluye el concepto de la verdad absoluta y lo que es justo y correcto de acuerdo a la Palabra de Dios.

Para poder evitar las trampas mentales de Satanás es preciso tener la mente de Cristo. Es por eso que Filipenses 2:5-8 dice:

"Haya, pues en vosotros este sentir que hubo también en Cristo Jesús,

el cual siendo en forma de Dios, no estimó el ser igual a Dios

como cosa a que aferrarse, sino que se despojó a sí mismo, tomando forma de siervo, hecho semejante a los hombres;

y estando en la condición de hombre, se humilló a sí mismo, haciéndose obediente hasta la muerte, y muerte de cruz".

Jesús no sólo conocía la voluntad de Su Padre, sino que fue totalmente sumiso y obediente en todos los aspectos. ¿Cómo podemos esperar tener la mente de Cristo? La respuesta se encuentra en Romanos 12:1-2: "*...presentéis vuestros cuerpos en sacrificio vivo...no os conforméis a este siglo, sino transformaos por medio de la renovación de vuestro entendimiento, para que comprobéis cuál sea la buena voluntad de Dios, agradable y perfecta*".

La palabra "transformar" se traduce de la palabra griega "metamorfosis". Cualquier estudiante de Biología en secundaria entiende que la metamorfosis es un proceso por el cual una oruga se transforma en una mariposa. Nuestras mentes tienen que pasar por una metamorfosis para cambiarlas del razonamiento natural y adámico a la mente de Cristo. Debemos de recordar que esto es un proceso el cual toma tiempo. Mientras renovamos nuestras mentes al "comer" las palabras de Dios, comenzamos a conocer y comprender la mente de Dios y a adquirir Su sabiduría. El solo conocimiento de la Palabra tiende a convertirse en farisismo. I de Corintios 8:1 dice: "... *el conocimiento envanece, pero el amor edifica*", esto requiere tanto la Palabra como el Espíritu de Dios para transformar nuestras mentes a la mente de Cristo (Jesús tenía el Espíritu sin medida).

El conocimiento sin el Espíritu conduce al orgullo, el cual es otro aliado de Satanás, después de todo fue el pecado del orgullo lo que causó la caída de Satanás. El orgullo es lo opuesto a la humildad, fíjese en los versículos anteriores cuidadosamente. Además de mantenernos en la ignorancia de la Palabra de Dios (la cual es la expresión de la voluntad de Dios), Satanás tratará de infestarnos con espíritus diabólicos los cuales nos detendrán eficazmente de recibir la verdad. I de Timoteo 4:1 dice:

"*Pero el espíritu dice claramente que en los postreros tiempos algunos apostarán de la fe, escuchando a espíritus engañadores y a doctrinas de demonios*".

Una vez recibida una mentira es casi imposible recibir la verdad en esa área en particular, es por eso que ciertas enseñanzas denominacionales que van en contra de las Escrituras son difíciles de desalojar de la mente, aun cuando se enfrentan a la clara evidencia bíblica. Estas enseñanzas han cegado a el individuo de la verdad. El espíritu diabólico controlará el pensamiento de la persona e impedirá que la persona se conforme a la "imagen de Dios".

La otra manera de llegar a la voluntad es por medio de nuestras emociones. Las emociones, al contrario de lo que muchos creen son perfectamente normales y apropia das. Es perfectamente normal y saludable experimentar y demostrar las emociones, aún en la iglesia. Las emociones nos fueron dadas por Dios, sin ellas no podríamos entender a Dios. Adán fue creado a la imagen y semejanza de Dios, y Dios tiene emociones. Cualquier pasaje de la Biblia revelará la naturaleza emocional de Dios. Incluso Jesús lloró, se gozó, se lamentó, tuvo compasión y expresó ira. Experimentó y sintió el rechazo no solo del hombre, sino también de Dios, Su Padre, cuando en la cruz gritó, *"Mi Dios, mi Dios, ¿por qué me has abandonado?"* (Marcos 15:34b).

Todas estas emociones son parte de ser humano y ser espíritu. Los problemas empiezan cuando nosotros sofo amos nuestras emociones, negando lo que sentimos acer ca de algo y no tratamos con ello, por lo general debido a temor u orgullo. Nuestras reacciones frente situaciones revelan mucho qué tan maduros y normales somos. Si nuestras emociones son normales, es decir, normales según el criterio de Dios, entonces estamos reaccionando exactamente como Dios reaccionaría emocionalmente en la misma situación. Dios tiene emociones y experimenta emociones en Su trato con el hombre. Jesús respondió a cada situación y persona exactamente como Su Padre lo hubiera hecho.

No es difícil llegar a la conclusión de que no siempre responderemos a circunstancias y situaciones tal y como lo hizo Jesús. Esto que lo que Dios quiere llevar a cabo en nuestras vidas. El dice: bendice a los que te maldigan y ora por los que te maltratan; El dice, da la otra mejilla y camina la milla extra. Nosotros sabemos que debemos hacer algunas de estas cosas, pero nuestras emociones nos impiden obedecer.

Es nuestro deber perdonar, debemos perdonar a la misma persona setenta veces siete. Muy a menudo se nos hace difícil perdonar la segunda vez y mucho menos el número dado. Hay quienes incluso no pueden perdonar la primera vez debido a heridas pasadas. La gente que conoce la verdad y la importancia del perdón pero que batallan para perdo- nar, generalmente están bajo ataduras. Nuevamente Satanás tratará de ganar terreno en nuestras vidas a través de un espíritu de falta de perdón, amargura, envidia, etc, mateniéndonos fuera de hacer la voluntad de Dios con un corazón puro.

Hablamos de la infinita sabiduría y el conocimiento pleno de la mente de Dios, pero pensamos muy poco en el sobresaliente atributo emocional de Dios. La Biblia nos dice que Dios es amor (ágape), la cualidad del amor agape es demostrada en Juan 3:16: *"Porque de tal manera amó Dios al mundo, que ha dado a su Hijo unigénito para que todo aquel que en él crea, no se pierda mas tenga vida eterna"* (zoe, no psuche). Jesús fue la manifestación de aquel amor en acción cada día de Su vida. No trató de hacerse de un nombre, sino que fue haciendo el bien y sanando a todos los que estaban oprimidos por el demonio. Llegado el momento, voluntariamente dio Su vida para que el mundo fuera salvo.

La calidad del amor de Dios, la clase de amor ágape, se describe en I de Corintios 13. "El capítulo del amor" describe la forma en que nosotros como hijos de Dios debemos sentir, al grado de que si no nos conformamos con la descripción que aquí se encuentra, no estamos en la imagen y semejanza de Dios. Cuando nuestra principal emoción y motivación es el amor ágape, nuestras emociones se conformarán a la imagen y semejan za de las emociones de Dios.

Las emociones son formadas y desarrolladas en nuestros primeros años. El plan de Dios para la familia es que los niños nazcan en una familia donde haya amor, seguridad, protección, enseñanza y respeto. Un bebé nacido en uns familia donde es amado, desea do y alimentado en la Palabra de Dios crecerá bien equilibrado. El niño aprende cómo amar porque él es amado (amamos a Dios porque El nos amó primero. Uno no puede dar lo que uno no ha recibido nunca). Además el niño que es aceptado y afirma do por su padre no tiene un problema de identidad porque tiene la seguridad de que él pertenece y debe "ser". El no sufrirá de el complejo de inferioridad que sufre un niño no deseado.

En las familias donde existe el rechazo, peleas, envidia, celos, ira, odio, deshonestidad o una multitud de otros fac tores negativos, habrá niños perturbados y problemáticos. Las emociones dañadas se infectan fácilmente, tal y como un cuerpo que ha sido cortado y magullado severamente, viviendo en lugares sucios se infectará. Un niño no deseado vendrá al mundo con un espíritu de rechazo y jamás será seguro o bien adaptado hasta que esa influencia per versa sea removida de las emociones, y suficientes afirma ciones positivas y atención cariñosa sean ofrecidas para sanarle y fortalecerle.

El ministerio de liberación es una bendición para los que están infectados con espíritus inmundos que los mantienen derrotados e incapaces de ser todo lo que Dios les ha llamado a ser. Sin la autoridad que Dios dio a Su iglesia, el poder del enemigo para derrotar nos nunca podría ser quebrantado. Sin embargo, con esta autoridad somos más que ven- cedores, solamente tenemos que lev antarnos y conquistar.

Ya que hay muchos libros al alcance que tratan del min isterio de liberación, no vamos a tratar el tema aquí. Lo que está relacionado con este trabajo es que así como el mundo físico, agentes infecciosos en el cuerpo producen síntomas reconocibles. Incluso la mayoría de los diagnósticos médi cos están basados en la observación de síntomas visi bles. Aún el diagnóstico de análisis de laboratorio, rayos x, ecografías y otras herramientas para el diagnóstico se basan en el reconocimiento de patrones conocidos que indican la presencia de estos agentes.

La Biblia dice que hasta un niño se conoce por sus acciones, así también los espíritus que nos atacan y nos esclavizan. La presencia de espíritus específicos produce en sus víctimas, por lo general, síntomas reconocibles y predecibles. Un espíritu de lujuria se manifestará como lujuria. La lujuria no siempre será lo mismo en cada per sona, mas sin embargo producirá lujuria de alguna clase. Esa es su disposición y no puede cambiar su naturaleza. Un espíritu de adicción causará que la víctima llegue a ser adicto a algo, ya sea cigarro, alcohol, azúcar, comida o aún medicinas controladas. Un epíritu mentiroso causará que la persona mienta, aunque no haya incluso razón o necesi dad para mentir.

Así como un médico es entrenado para diagnosticar problemas médicos por medio de observación entrenada, así el ministro puede aprender a detectar la presencia de fuerzas espirituales ocultas por la manifestación de derro ta,comportamiento inapropiado o patrones emocionales en el caminar de un cristiano. Uno debe tener cuidado de no preocupar se de los demonios o espíritus inmundos. La liberación es un ministerio válido y muy importante para los oprimidos. Es UN ministerio, no EL ministerio. Creer que al expul- sar demonios sanará todo problema es ingen uo y no está basado en las Escrituras. Jesús lo usó sola mente cuando había demonios. Hubieron muchas circun- stancias cuando El impu so manos sobre la gente y los sanó. En otras ocasiones reprendió a la gente y en otras El les enseñó la verdad y la verdad los libró.

Deshacerse de la infección espiritual en una víctima es un paso para que la persona vuelva a ser completamente saludable. Cuando un paciente entra en un hospital lo primero que se hace es librar al cuerpo de la infección y después tratar las otras condiciones. Operar con infec ciones en el cuerpo puede ser peligroso y se haría sólo en caso de emer gencia o cuando la operación es necesaria para eliminar una infección que este atacando al cuerpo.

En el conflicto entre Dios y Satanás hay muchas bajas. Mucha gente es herida y tiene que ser rescatada, sanada y rehabilitada. Es a ese proceso que este libro se refiere. El tratar las heridas de batalla y eliminar la infección es el primer paso en el camino hacia la recuperación. Después viene el período de convalecencia, la terapia y rehabil itación. Se necesita más que un poco de oración, require de energía, recursos y a nosotros mismos dedicados a los heridos y lastimados. Jesús vino a sanar a los quebrantados de corazón, a liberar a aquellos que están mayugados y a liberar a los cautivos. Este es Su ministerio. El lo comenzó, nos mostró cómo hacerlo y nos los entregó para continuarlo.

La historia del Buen Samaritano nos pinta el panorama. Un hombre estaba sangrando y muriendo en el camino a Jericó, el Samaritano se detuvo y lo ayudó derramando aceite y vino en sus heridas, pero eso no fue todo. El después lo llevó a una posada montado en su propio animal y le pagó al dueño de la posada de su propio bolsillo para que cuidara al pobre hombre, prometiendo pagar más si fuese necesario. Nuestra responsabilidad no termina al suministrar los primeros auxilios. Tenemos que ver la obra concluída, aunque nos cueste. El Amo lo ha ordenado así que debemos obedecer.

Dios nos ha dado todo lo perteneciente a la vida y la piedad. No hay nada más que necesitemos de El, tenemos Su Palabra, Su Espíritu, Su promesa, Su poder, Su autoridad y Su admonición. Levantémonos y vayamos.

Capítulo IV
LA INIQUIDAD

"Cuando vio Simón que por la imposición de las manos de los apóstoles se daba el Espíritu Santo, les ofreció dinero,

diciendo: Dadme también a mí ese poder, para que cualquiera a quien yo impusiere las manos reciba el Espíritu Santo.

Entonces Pedro le dijo: Tu dinero perezca contigo, porque has pensado que el don de Dios se obtiene con dinero.

No tiene tú parte ni suerte en este asunto, porque tu corazón no es recto delan te de Dios.

Arrepiéntete, pues, de esta tu maldad, y ruega a Dios, si quizás te sea perdonado el pensamiento de tu corazón;

porquen en hiel de amargura y en prisión de mal dad veo que estás". Hechos 8:18-23.

El apóstol Pedro reconoció que había dos raíces en Simón y su codicia de poder sobre la gente. Estas raíces habían sido responsables en primer lugar por su involucramiento en el ocultismo y no habían sido removidas cuando él se convirtió. La raíz de amargura puede originarse fácilmente del rechazo y es un concepto bien entendido, sin embargo la mayoría de los cristianos preguntan, "¿Qué es la iniquidad?" y probablemente se sorprenderá con las respuestas or la falta de ellas. Es un fenómeno que una palabra que Dios usa tan frecuentemente al hablar a Su pueblo, sea tan mal entendida por la gente a la que El se dirige.

Por muchos años en mi círculo de compañeros cristianos ha habido una suposición no escrita ni hablada de que la Biblia hablaba del "pecado" y la "iniquidad" como si fueran la misma cosa. Yo las consideraba sinónimos, en mi mente eran vitualmente intercam- biables. Aunado a esto había un recordatorio periódico de maestros de la Biblia, ansio sos por demostrar su conocimiento académico de la mentalidad oriental, que el estilo poético judío era el de repetir cada declaración, recostruyéndola para dar énfásis y variedad a través de la repetición. Yo sugiero que no era repetición, sino Dios anunciando la verdad tanto en el reino espiritual como en el natural. Una declaración se refiere a lo natural y la otra se refiere a lo espiritual.

Un ejemplo es el de cuando Dios le dijo a Abraham que su descendencia sería tan nu- merosa como (1) la arena del mar y (2) las estrellas del cielo. Esto suena muy poético, pero una referencia se refiere claramente a la tierra, "la arena del mar" y la otra es celestial o espiritual, "las estrellas del cielo". Abraham tiene innumerables descendientes en lo natural, tanto judíos como árabes, y tiene innumerables descendientes en el ambiente espi ritual a través de la fe en Jesucristo (Gal. 3:7, 29).

No sólo Abraham tuvo muchos descendientes a través de Isaac y Jacob, sino también a través de Ismael el hijo que tuvo con Agar y también los otros hijos que tuvo con Cetura, con la que se casó después de la muerte de Sara (Gen. 25:1). Vemos los muchos descen dientes espirituales de Abraham a través de la "Semilla" de Abraham, es decir, Cristo. En Hebreos 11:12 leemos lo siguiente:

"Por lo cual también, de uno, y ése ya casi muerto, salieron como las estrellas del cielo en multitud, y como la arena innumerable que está a la orilla del mar".

Al no tener bases ni en hebreo ni griego, yo supuse que el "cometer" pecado era lo equivalente a "cometer" iniq uidad. Cualquiera que fuera la diferencia entre estas pala bras no era aparente al lector casual de la Biblia o al estudiante de los domingos por la mañana. Mi muchos maestros nunca acentuaron la diferencia entre estas dos palabras. Al observar cuidadosamente cada palabra y cómo es usada se vuelve evidente que no son sinónimos. Un estudio sencillo de palabras hebreas revelará la diferencia entre ellas.

Cuando la Biblia menciona el pecado está hablando acerca de la trangresión de la ley de Dios. Cuando la Biblia habla de iniquidad Dios está hablando de algo más. Aunque no son lo mismo sí hay una relación entre las dos y es precisamente esta relación lo que ha causado confusión en tantas mentes. Los estudiantes a fondo de la Biblia y los eruditos deben haber sabido esto desde el principio, pero la verdad nunca ha sido expuesta a un nivel en el que el creyente promedio pudiese entender.

Ha habido muy poca enseñanza acerca de este tema tan importante. Si los eruditos y los maestros de la Biblia realmente entendieran la diferencia, creo que habría repetidas enseñanzas sobre el tema. La ausencia de enseñanzas definitivas y trabajos de interpreta ción bíblica causa la carestía del verdadero entendimiento de la naturaleza de la "iniqui-dad".

En II de Tesalonisences 2:7 Pablo habló de "*el misterio de la iniquidad*" ya en acción. No creo que se estuviera refiriendo a la falta de entendimeinto de la palabra "iniquidad", sino al misterio de cómo funciona. Hay una conexión invisible y misteriosa entre los pecados del padre y el camino de sus hijos. Si el padre comete ciertos pecados su descendencia está predispuesta a la misma clase de pecados, sin importar su educación, ni las influencias culturales, sociales o ambientales sobre ellos.

La palabra hebrea "pecado" es "chantha" y la palabra hebrea "iniquidad" es "avown". Estas palabras tienen significados muy diferentes. La lectura detenida de ciertas escritu ras revela que el pecado se comete y la iniquidad es "transmitida" a los hijos hasta la ter- cera y cuarta generación. No es el pecado el que se transmite, es la iniquidad. La iniquidad no es la transgresión de la ley, el pecado si. Transgresar la ley es pecado. Cuando una persona transgresa la ley, la iniquidad nace en él y esa iniquidad es transferida a sus hijos. Los descendientes serán débiles a ser tentados por el mismo tipo de pecado. Cada generación añade a la acumulación de iniquidad, debilitanto aún más la resistencia de la siguiente generación al pecado, tal y como el apóstol Pablo dijo en Romanos 6:19:

"Hablo como humano, por vuestra humana debilidad; así como para iniquidad presen tasteis vuestros miembros para servir a la inmundicia y a la iniquidad, así ahora para santificación presentad vuestros miembros para servir a la justicia".

Cuando la iniquidad se ha intensificado a través de varias generaciones puede haber una compulsión a involucrarse en ciertos pecados y más de los hijos serán afectados de manera adversa. Cada generación es más malvada que la anterior. El principio de la iniquidad necesita ser entendido desesperadamente tanto por cada cristiano como no cristiano, como un comportamiento desenfrenado de gente que viola las leyes de Dios y que traerá pobreza y ruina a la nación.

(Para ser exactos, sí hay pasajes en la Biblia que hacen referencia al cometer iniquidad. Si la iniquidad es una consecuencia de cometer pecado, entonces cometer pecado es también cometer iniquidad, sin embargo uno no puede cometer iniquidad independientemente del pecado. La iniquidad es una consecuencia residual del pecado que afecta no sólo al que peca, sino también a la descendencia del pecador).

Algunas concordancias definen a la palabra "avown" o "avon" simplemente como per- versidad. Un diccionario teológico del Antiguo Testamento declara que "avon" es un derivado de la raíz "awa" la cual significa doblar, torcer, distorsionar. Frecuentemente no vemos aquello que es sencillo porque no lo esperamos y nuestras mentes no comprenden lo que estamos viendo. La Biblia habla en más de una ocasión acerca de tener ojo y no ver, oídos y no oír.

¿Qué es aquello de la iniquidad que ni hemos visto ni oído? Pecado e iniquidad son términos espirituales y no siempre entendemos el significado de dichos términos como lo haríamos con algo que se refiriera a lo natural. El apóstol Pablo escribió claramente que las cosas que no se ven son entendidas por las cosas que fueron "hechas" (Rom. 1:20). El se refería al universo natural, a la creación, cuando hablaba de las cosas que fueron "he chas".

Sacando información del mundo físico vemos que cada especie se reproduce "según su especie". Dentro de cada semilla existe la habilidad de reproducirse. Jesús mismo usó es ta ley de generación en el Sermón del Monte en Mateo 7:15-17:

"*Guardaos de los falsos profetas, que vienen a vosotros con vestidos de ovejas, pero por dentro son lobos rapaces.*

Por sus frutos los conoceréis. ¿Acaso se recogen uvas de los espinos, o higos de los abrojos?

Así, todo buen árbol da buenos frutos, pero el árbol malo da frutos malos".

Esto nos lleva a la siguiente pregunta: "¿Qué causa el fruto bueno o malo?" En lo natural sabemos que si el fruto está mal formado o si el árbol no lleva fruto de acuerdo a otros de su tipo, se ha llevado a cabo una mutación. Lo mismo sucede al criar animales. Si las crías no resultan puras los criadores las "eliminan" del grupo de animales. Los mutantes no son deseados ya que son una corrupción de la raza de animales que se está criando.

A principios de los años 1940 Adolfo Hitler trató de pro ducir una "Raza Maestra" por medio de selección genética de arios y la exterminación de los judíos. No deberíamos pensar que esto fuera extraño ya que Satanás trató de crear su propia especie de gente al destruir el pueblo de Dios y crear en su lugar sus propios descendientes malva dos.

En Génesis 6:4 vemos que "*...después que se llegaron los hijos de Dios a las hijas de los hombres, y les engendraron hijos*". A estos hijos se les llama "nephilim" en hebreo y la palabra se traduce "gigantes" en el español. El significado exacto de la palabra hebrea es incierto. Hay dos posibles raíces en hebreo, la raíz posiblemente venga de la palabra "palah" que significa "separar", o de la palabra "naphal" que significa "caer". Hay evidencia para la segunda ya que fueron el producto de "ángeles caídos" y las características de la descendencia eran más cercanas a ellos que a Dios, El cuál creó al hombre.

En el primer capítulo de Genésis Dios establece la "ley de generación". Todo se reproduce según su especie. (Todas las declaraciones hechas por Dios en los primeros versículos de la Biblia son verdades profundas, poderosas y fundamentales. Son estas mismas verdades las que se encuentran bajo ataque en nuestros días). Reconocemos este principio al comprar un animal con pedigrí, pero lo ignoramos cuando tratamos con la gente. Algunas razas de perros son notables por su comportamiento impredecible y agresivo y no se recomienda estén alrededor de niños.

Es interesante que Dios no ignoró este principio cuando le dijo a los hijos de Israel que no se casaran fuera de los descendientes de Jacob, especialmente que no se casaran con los de Canaán. Recuerde que en el Antiguo Testamento no había liberación espiritual, no fue hasta que Jesús empezó Su ministerio público que la práctica de echar fuera demonios comenzó y la gente podía entonces ser libre de ataduras de fuerzas invisibles las cuales los manejaban y esclavizaban.

Cuando uno va al médico para el tratamiento de algún desorden orgánico, él generalmente tomará una "historia médica" antes de comenzar la diagnosis y el tratamiento. Lo que uno le diga de sus problemas pasados y de los problemas que padres, abuelos y hermanos hayn tenido, afectará lo que él busque o los exámenes que ordenará. Muchas enfermedades son genéticas, lo que significa que están presentes en la línea familiar y son heredados de uno o de ambos padres. Estos desórdenes aparecerán en algunos o todos los descendientes e incluso podrán ocurrir a los nietos o bisnietos.

En dichas condiciones familiares hay códigos específi cos en los cromosomas que dan lugar a condiciones patológicas específicas. Los descendientes reciben todo lo que son de sus padres naturales: el color de su cabello, ojos, piel, tipo de cuerpo, rasgos faciales, etc, todas estas son características heredadas y que sólo pueden venir de los padres bioló gicos. No hay decisión de parte del hijo acerca de qué color de cabello tendrá o ni de lo otro. No hay decisión consciente de parte de los padres respecto al sexo, estatura o tem peramento del hijo, todo esto es producto de los genes que llevan cada uno de los padres. En Mateo 6:27 Jesús preguntó: "*¿ Y quién de vosotros podrá por mucho que se afane, añadir a su estatura un codo?*". Somos lo que somos desde el momento de la concep ción por medio de la combinación de los genes de nuestros padres, ni más, ni menos.

Las parejas saludables que tienen ancestros saludables casi siempre tiene hijos saludables. Esta es la ley de generación. Ya que la existencia de enfermedades genéticas es potencialmente devastadora, especialmente si hay par entesco, hay prohibiciones en contra de que parientes con traigan matrimonio. Enfermedades tales como Tay-Sachs entre los judíos y Célula Hoz entre los afroamericanos son potencialmente desastrozas si ambos padres son portadores del gene. Exámenes de reconocimeinto se recomiendan antes del matrimonio para que se tomen decisiones de tener o no hijos e incluso si se contrae matrimonio o no.

Y, ¿qué tiene esto que ver con la iniquidad? ¡Todo! La herencia genética es la contraparte natural de la herencia espiritual. Entender las leyes naturales acerca de la heren cia genética nos da un modelo funcionable para el princi pio de la herencia espiri tual. Las leyes de Mendel describen las relaciones y resultados esperados del aparea miento dentro de una especie o género. Creo que hay evi dencia amplia para sugerir que podemos esperar rela ciones similares sino es que idénticas en el mundo espiritual. La Biblia nos da ejemplos de leyes espirituales y sus obras en las vidas de varios personajes y sus descendientes.

El primer ejemplo es Adán. Adán fue creado a la imagen y semejanza de Dios. No entraremos en lujo de detalles, pero será suficiente con decir que algo era significantemente diferente respecto a Adán después de la caída. Génesis 5:3 dice:

> "*Y vivió Adán ciento treinta años, y engendró un hijo a su semejanza, conforme a su imagen, y llamó su nombre Set.*
>
> *Y fueron los días de Adán después que engendró a Set, ochocientos años, y engendró hijos e hijas*".

Aunque la Biblia no registra otro pecado de Adán, uno fue suficiente para crear una imperfección espiritual en por lo menos uno de sus dos hijos. Caín se levantó y mató a Abel. (Nota: Vemos en Génesis 4:23 que un descendiente de Caín, Lamec, era también un asesino). Caín había heredado la imperfección de la semilla de la serpiente y mostró las características de uno que era "asesino desde el principio". No fue hasta que Set nació que Eva profetizó que Dios le había dado otra "Semilla", otro hijo cuya línea portaría la herencia justa hasta le venida del Mesías.

Dios le dijo a Eva que sería salva en dar a luz. No era el acto de estar encinta lo que que la salvaría a ella y a la humanidad, sino que al continuar teniendo hijos algún día Dios traería por medio de una mujer a esa Semilla Justa que sería el Salvador del mundo.

Sin debatir quienes son los "hijos de Dios" en Génesis 6 o del verdadero significado de el nephilim, es suficiente con decir que Satanás estaba tratando de destruir la Semilla de justicia al contaminar a las mujeres y establecer una línea de descendientes que fueran de su genealogía. En Mateo 8:44 Jesús llamó a los fariseos víboras y a su padre el diablo. Fueron palabras muy fuertes, pero Jesús conocía sus corazones y la iniquidad dentro de ellos.

Con Satanás tratando de corromper toda la raza humana para prevenir que Dios trajera al Mesías, toda la tierra estaba llena de maldad y los pensamientos de los hombres eran malos continuamente. Toda la humanidad había sido pervertida en su genealogía por el pecado, pro duciendo iniquidad en su descendencia. Sin embargo Noé era perfecto en su generación (genealogía), en otras pal abras, desde Adán hasta Set había una línea la cual no se había casado fuera de ella o cohabitado ni con los ángeles caídos ni con los hijos de Caín, por lo tanto él era perfecto sin contaminación "genética".

Aún en este caso había algunas fallas en los genes de Noé y sus hijos, su hijo Cam estaba especialmente afec tado por la iniquidad. Cuando Noé se embriagó, perdió el control de su hijo Cam y la debilidad para pecar causó que cayera en tentación. La Biblia dice que Noé estaba "descu bierto" en su tienda, la palabra hebrea que se traduce como "descubierto" es usada muchas veces en Levítico casi siempre haciendo referencia a pecados sexuales que implican incesto.

Es muy improbable que este caso fuera un simple caso de desnudez. La maldición que Noé pronunció sobre Canaán fué muy drástica como para ser por algo tan insignificante. Cuando consideramos el desagrado que Dios tiene hacia la homosexualidad, vemos este tipo de juicio.

Al leer más adelante en las escrituras confirmamos que este fué el caso con Cam. En Genésis 15 leemos que Dios le aseguró a Abram (Abraham) que heredaría la Tierra Pro metida porque sus descendientes estarían en tierra extraña 400 años, pero que después de cuatro genera ciones ellos regresarían porque *"aún no ha llegado a su colmo la maldad del amorreo"*.

¿Qué quiere decir esto y qué tiene que ver con Abraham heredando la tierra? ¿Qué quiere decir *"colmo de maldad (iniquidad)"*? Los amorreos eran descendientes de Canaán y habitaban la tierra de Canaán. Esta es la tierra que el pueblo de Israel iban a tomar de sus habitantes por la fuerza de. Ellos eran personas que adoraban toda clase de ídolos y dio ses falsos y su culto se caracterizaba por per versiones sexuales y orgías.

Recuerde también que en el capítulo 13 de Génesis cuando Abram y Lot se separaron, Lot escogió la planicie donde las ciudades de Sodoma y Gomorra se localizaban. Los habitantes de estas ciudades también eran cananeos, y ¿cuál era su pecado? ¡La homosexualidad! Abraham negoció con Dios a favor de la ciudad de que si había en ella diez personas justas Dios la perdonaría. Sólo el justo de Lot y su familia fueron rescatados, el resto había sido corrompido completamente. En aquel tiempo la iniquidad de los sodomitas y los gomorritas era total.

Después de tres o cuatro generaciones de iniquidad sucesiva y acumulativa, los descendientes estaban tan torcidos y pervertidos que no había posibilidad para que caminaran "derecho" o justamente. En cuatro genera ciones sus genes espirituales habían sido corrompidos completamente. Sus corazones estaban inclinados a hacer el mal y vivían en una tierra llena de maldad. Dios se refería a los cananeos cuando le habló a Israel en Deuteronomio 20:16, 17:

"Pero de las ciudades de estos pueblos que Jehová tu Dios te da por heredad, ninguna persona dejarás con vida, sino que los destruirás completamente:

al heteo, al amorreo, al cananeo, al ferezeo, al heveo y al jebuseo, como Jehová tu Dios te ha man dado".

El mandato era el de matar todo lo que tuviera vida y respiraba, tanto gente como ani males. Era matar todo lo que pudiera alojar espíritus (el Nuevo Testamento presenta evi dencia de que animales pueden alojar espíritus cuando Jesús le dió a los espíritus del endemoniado Gadareno permiso para entrar a los cerdos). La iniquidad y la infección espiritual de los cananeos eran tan severas que tenían que ser eliminados de la tierra. El permitirles permanecer pondría a Israel en peligro de contraer una infección espiritual se vera, y como no había una "cura" para la infección espiritual en ese entonces, podría haberse propagado por todo Israel.

La Iniquidad

Encontramos un paralelo a este principio en el mundo natural de la ganadería. Si un sólo animal en una manada tiene brucellosis toda la manada es eliminada, quemada y enterrada. El daño al no hacer esto sería el de poner en peligro toda la industria ganadera, ya que la enfermedad es muy contagiosa y no tiene cura. Ell no reaccionar ante una infección podría tener efectos desastrosos. Dios le dijo a Israel que eliminaran rápidamente a aquellos que cometieran ciertos tipos de pecados. Los pecados de muerte eran tales como la idolatría, hechicería, adulterio, sodomía, fornicación, bestialidad, blasfemia, asesinato, profecías falsas y maldecir a los padres.

Israel se metió en problemas serios cuando rehusaron llevar a cabo los juicios de Dios. Ellos deberían de guardar Sus mandamientos y llevar a cabo Sus juicios, el descuidar la eliminación de la culpa permitiría que la iniquidad se multiplicara y cuando la tierra sucumbiera a la iniquidad, Dios tendría que traer la espada y purificar la tierra. El capítulo 9 de Ezquiel es una ilustración viva de Dios teniendo que purificar la tierra. En el capítulo 8 vemos los cargos de Dios en contra de Israel: idolatría con deterioro de la disciplina moral y social. En el capítulo 9 los ángeles fueron enviados por la ciudad a matar a cualquiera que no tuviese la "marca" de Dios en su frente, aquellos que suspiraban por la justicia (Ezequiel 9:5-7).

"Y a los otros dijo oyéndolo yo: Pasad por la ciudad en pos de él, y matad; no perdone vuestro ojo, ni tengáis misericordia.

Matad a viejos, jóvenes y vírgenes, niños y mujeres, hasta que no quede ninguno; pero a todo aquel sobre el cual hubiere señal, no os acercaréis; y comenzaréis por mi santuario. Comenzaron pues, desde los varones ancianos que estaban delante del templo.

Y les dijo: Contaminad la casa, y llenad los atrios de muertos; salid. Y salieron y mataron en la ciudad"

El profeta se apartó con angustia frente a la matanza y temió que nadie del pueblo de Israel sobreviviría. La respuesta de Dios fué el decirle que lo que El estaba haciendo era necesario (versículos 9, 10).

"Y me dijo: La maldad de la casa de Israel y de Judá es grande sobremanera, pues la tierra está llena de sangre, y la ciudad está llena de perversidad; porque han dicho: Ha abandonado Jehová la tierra, y Jehová no ve.

Así pues, haré yo; mi ojo no perdonará, ni tendré misericordia; haré recaer el camino de ellos sobre sus propias cabezas".

Dios entonces le aseguró al profeta que todo estarían bien porque al final, después que los juicios hubiesen caído y los únicos sobrevivientes serían justos, las generaciones por venir serían justas y servirían al Señor. Dios habló con seguridad en Ezequiel 14:22, 23:

"Por lo cual así ha dicho Jehová el Señor: ¿Cuánto más cuando yo enviare contra Jerusalén mis cuatro juicios terribles, espada, hambre, fieras y pestilencia, para cortar de ella hombres y bestias?

Sin embargo, he aquí quedará en ella un remanente, hijos e hijas, que serán llevados fuera; he aquí que ellos vendrán a vosotros, y veréis su camino y sus hechos, y seréis consolados del mal que hice venir sobre Jerusalén, de todas las cosas que traje sobre ella".

Poco después de esta profecía los babilonios cercaron la ciudad de Jerusalén y la tomaron en medio de una gran matanza, llevando un remanente pequeño a Babilonia. Después de setenta años de cautividad el remanente regresó a Jerusalén a reconstruir el Templo y la ciudad.

Dios ve el corazón y la iniquidad que existe en él. En Isaías 48:8 Dios declaró al rebelde de Israel *"rebelde desde el vientre"*. Lamentaciones 5:7 declara:

"Nuestros padres pecaron, y han muerto; y nosotros llevamos su castigo".

La iniquidad, como el pecado, deben ser tratados. El pecado sin confesar está "todavía en los registros". Cuando

Dios hizo pacto con Israel, El dio la solución para el pecado y la iniquidad. Para que hubiera provisión para el pecado tendría que haber derramamiento de sangre. *"El alma que peque esa morirá"*. El pacto mosaico proveyó provisión para la reconciliación con Dios por medio de sacrificios y ofrendas de animales.

En Levítico 26 una vez más Dios le dijo a Israel que los bendeciría por su obediencia fiel y traería juicio sobre ellos por su desobediencia continua, incluyendo el esparcir lo que quedara de ellos entre sus enemigos. En el versículo 39 Dios les dijo que *"y que queden de vosotros decaerán en las tierras de vuestros enemigos por la iniquidad; y por la iniquidad de sus padres decaerán con ellos"*. Después en el versículo 40 Dios les dijo que si confesaban su iniquidad y la iniquidad de la casa de sus padres y todas sus transgresiones, y si humillaban sus corazones y aceptaban su castigo, entonces El recordaría el pacto (v. 45).

Era esta promesa en la que se apoyó Daniel cuando en el capítulo 9 de Daniel él oró a Dios, confesando los pecados, transgresiones e iniquidad del pueblo y sus padres (v. 4-19). Inmediatamente después de esta confesión los medios invadieron a los babilonios y Ciro, el rey de Persia, ordenó que el Templo en Jerusalén fuera reconstruído y que fuera ofrecido en su nombre un sacrificio al Dios del Cielo.

En Nehemías 1:5-11 vemos que Nehemías oró a Dios después de escuchar acerca de la condición de Jerusalén y del remanente judío que todavía estaba en la tierra. Nehemías también recordó la promesa de Dios en Levítico 26:40. El confesó sus transgresiones y sus iniquidades y la iniquidad de la casa de sus padres. Poco tiempo después el rey de Persia, quien los tenía cautivos, le dio permiso a Nehemías para que regresara a Jerusalén a reconstruir la ciudad y los muros. El proceso de restauración empezado por la oración de Daniel, el cual resultó en la reconstrucción del Templo en Jerusalén, continuó con la oración de Nehemías y la reconstrucción de la ciudad.

Vemos en esto un patrón para la restauración. Primero aún en el cautiverio y con la tierra desolada, la humildad, confesión y aceptación de la responsabilidad por acciones pasadas y el reconocimiento de la herencia pecaminosa de nuestros padres, llevará a el reestablecimiento de la adoración. Una vez que adoramos a Dios verdaderamente, la sumisión continua, la confesión y la obediencia traerán la mano de Dios a nuestras vidas a favor nuestro.

Otro ejemplo de las obras de la iniquidad se encuentra en la historia del rey David. La Biblia dice que David era perfecto en todos sus caminos a excepción de el asunto de Urías el hitita. El adulterio de David con Betsabé resultó en un embarazo, y como Urías, su esposo, se encontraba lejos en batalla, David inmediatamente lo mandó llamar a Jerusalén, esperando que a su llegada estaría ansioso por compartir el lecho conyugal con su esposa, y como esto estaría tan cerca a la concepción, el adulterio probablemente pasaría desapercibido. Con ese truco David trató de esconder su pecado.

Los planes de David no fucnionaron porque Urías era un hombre de muy altos principios. El no disfrutaría la compañía de su esposa mientras que sus hombres estaban en el campo de batalla. El plan "B" de David fué de que mataran a Urías en la batalla para que nunca supiera de la infidelidad y acusara abiertamente a David y Betsabé.

Después de la muerte de Urías en la batalla, David se casó con Betsabé, pero Dios le dijo a Natán el profeta que confrontara a David acerca de su pecado. Al ser confrontado, David confesó su pecado y estaba listo para aceptar la sentencia. Dios le dijo a David que no moriría a raíz de su pecado, aunque de acuerdo a la ley de Moisés él y Betsabé deberían de ser apedreados a muerte. Lo que si dijo Dios era que por haber hecho eso la malicia se levantaría en su propia casa y que la espada nunca se apartaría de ella. La violación incestuosa de Tamar por mano de Amnón preparó terreno para el asesinato de Amnón por mano de Absalón. Después Absalón se robó el corazón de Israel y se

La Iniquidad 37

rebeló en contra de David, su padre. David tuvo que huir de Jerusalén para salvar su vida.

Al dejar la ciudad ante el avance de Absalón, un hombre de la casa del destronado rey Saúl salió a su paso, maldijo a David y le tiró rocas mientras le lanzaba insultos. Abisai, el general de David pidió permiso para matarlo por sus acciones en contra del rey, pero David le dijo que no lo tocara: *"Si él así maldice, es porque Jehová le ha dicho que maldiga a David"*. David sabía que estaba sobre juicio y castigo de Dios, tal y como lo dijo en el versículo 12: *"Quizás mirará Jehová mi aflicción, y me dará Jehová bien por sus maldiciones hoy"*.

No sólo David perdió a cuatro de sus hijos, sino que la espada nunca se apartó de su casa. El problema de David fué una mujer. Salomón, el hijo que David tuvo con Betsabé tomó setecientas esposas y trescientas concubinas. Fueron sus esposas paganas las que le voltearon el corazón del camino de Dios. La iniquidad de Salomón, la cual había sido heredada de su padre, era una debilidad por las mujeres. Este deseo lo hizo vulnerable a la infección espiritual por medio de las mujeres paganas que él deseaba. Estas mujeres provenían de naciones que adoraban a dioses falsos y el pueblo de Israel tenía prohibido casarse con ellas. Cuando Salomón se casó con ellas, los espíritus de idolatría que infectaban a las mujeres contagiaron a Salomón a través del intercuso sexual y años después él se encontraba sobre el monte adorando a esos mismos dioses.

Hay otras ocasiones en la Biblia donde los espíritus de idolatría se transmitieron por medio del matrimonio. Acab, rey de Israel, hijo de Omri, subió al trono y es notorio que *"hizo lo malo ante los ojos de Jehová, más que todos los que reinaron antes de él. Por que le fue ligera cosa andar en los pecados de Jeroboam hijo de Nabat, y tomó por mujer a Jezabel, hija de Et-baal rey de los sidonios, y fue y sirvió a Baal y le adoró"* (II Reyes 16:30,31). Además, el rey Acab construyó una casa y un altar a Baal en Samaria y causó que el pueblo de Israel adorara a Baal.

En II Reyes 8:16-18 leemos acerca del rey Joram: "*y anduvo en el camino de los reyes de Israel, como hizo la casa de Acab, porque una hija de Acab fue su mujer; he hizo lo malo ante los ojos de Jehová*".

El adorar a dioses falsos es adulterio espiritual. Aquellos que se enredan en la idolatría terminan en adulterio físico y perversión. El Antiguo Testamento presenta la evidencia histórica de este principio y el apóstol Pablo lo declaró claramente en su carta a la iglesia en Roma en Romanos 1:18-32. Hay un refrán antiguo que dice: "Lo que los padres hacen en moderación, los hijos lo hacen en exceso".

En Ezequiel 18 vemos la explicación del proverbio de las "uvas agrias". La referencia a los padres comiendo uvas agrias y los dientes de los hijos estando listos, es una alegoría a los pecados de los padres influenciando y afectando directamente la naturaleza, personalidad y la propensión del hijo. Una de las escrituras que habla enfáticamente y elocuentemente acerca de esto es Isaías 57:3-5:

"*Mas vosotros llegaos acá, hijos de la hechicera, generación del adúltero y de la fonicaria.*

¿De quién os habéis burlado? ¿Contra quién ensanchasteis la boca, y alargasteis la lengua? ¿No sois vosotros hijos rebeldes, generación mentirosa,

que os enfervorizáis con los ídolos debajo de todo árbol frondoso, que sacrificáis los hijos de los valles, debajo de los peñascos?".

Vemos a Dios tratando con otros reyes que eran tan malvados que Dios no permitió que su genealogía continuara. Específicamente hablamos de Jeroboam, rey de Israel, quien causó que Israel pecara. Está registrado muchas veces que él era el responsible de los problemas de Israel. El era muy malvado y guió al reino del norte a la idolatría y los inició en la apostasía.

Otro rey que ya hemos mencionado es Acab. El también causó que Israel pecara al adorar a Baal, aunado a los pecados de Jeroboam. También Basa, otro rey de Israel.

Todos estos tres fueron " cortados" y todos sus descendientes varones fueron asesinados. Dios tenía que destruir sus linajes a raíz de su extrema iniquidad.

Vemos también en Mateo 23:28-32 cuando Jesús habló a los fariseos con estas pala bras:

"Así también vosotros por fuera, a la verdad, os mostráis justos a los hombres, pero por dentro estáis **llenos de hipocresía e iniquidad**.

¡Ay de vosotros, escribas y fariseos, hipócritas! Porque edificáis los sepulcros de los profetas, y adornáis los monumentos de los justos,

y decís: Si hubiésemos vivido en los días de nuestros padres, no hubiéramos sido sus cómplices en la sangre de los profetas.

Así que dais testimonio contra vosotros mismos, **de que sois hijos de aquellos que mataron a los profetas**.

¡Vosotros también llenad la medida de vuestros padres!".

Fueron estos hombres a los que El habló los que mataron al más grande de los profetas, Jesucristo, el Hijo de Dios. La iniquidad de los padres estaba obrando en los fariseos y ellos estaban demasiado cegados para verlo por ellos mismos.

Bajo la ley de Moisés los sacerdotes y los levitas tenían prohibido casarse con alguien que no fuera una de las hijas vírgenes de los levitas o la viuda de otro sacerdote. Esto era tan evidente en la Palabra de Dios que la genealogía era un amuleto entre los fariseos en los días de Jesús. Los fariseos estaban orgullosos de su linaje y le echaron en cara a Jesús las circunstancias de Su nacimiento cuando lo confrontaron. Ellos se enorgullecían tanto de su conocimeinto de la "Ley Oral" así como de su justicia que era afirmada por ser descendencia natural de Abraham. Para probar la legitimidad de la afirmación de que Jesús era el Mesías, Mateo abrió su evangelio con una lista completa de la genealogía de Jesús hasta el rey David y Abraham.

Cuando uno empieza a comprender la realidad y el poder de la iniquidad, hay muchos pasajes en la Biblia que se vuelven más entendibles y uno empieza a ver la sabiduría de Dios. En Deuteronomio 7:4 Dios le prohibió a el pueblo de Israel casarse con los cananeos porque *"desviarán a tu hijo en pos de mí"*. Tal vez piense que sólo el israelita promedio podría ser influenciado por la presión de una esposa pagana y darle un tanto de libertad para que practicara su religión y, a raíz de la ignorancia, verse involucrado en el asunto. Por otro lado vemos que el poder de los espíritus de idolatría en estas mujeres paganas eran lo suficientemente fuerte como para volver el corazón del hombre más sabio (después de Jesús) que jamás haya vivido. Salomón no sólo era sabio, sino que también tenía conocimiento de la Palabra de Dios y Dios se le apareció personalmente dos veces en su vida.

I de Reyes 11:2 dice: *"Gentes de las cuales Jehová había dicho a los hijos de Israel: No os lleguéis a ellas, ni ellas se llegarán a vosotros; porque ciertamente harán inclinar vuestros corazones tras sus dioses. A éstas, pues, se juntó Salomón con amor"*. La palabra "juntar" es la misma palabra que se encuentra en Génesis 2:24 referente al matrimonio: el hombre dejará a su padre y a su madre y se unirá a su mujer y serán una sola carne.

Por esta razón Pablo advirtió a los cristianos acerca de el unirse en yugo desigual. Los creyentes no deben casarse con inconversos, pero bajo el Nuevo Pacto, cuando los hijos nacen a los padres y sólo uno de ellos es creyente, los hijos son santificados por medio del padre creyente.

En el Antiguo Testamento no había liberación de la infección espiritual y el poder de la iniquidad llevó a los hijos de Israel cada vez más lejos de Dios y de la fidelidad al pacto. Cuando Jesús empezó Su ministerio público, El tenía autoridad sobre los espíritus inmundos y los echó fuera de la gente. Jesús vino a hacer más que sólo hacer posible que nuestros pecados fueran perdonados. Dios no sólo reconocía el problema del pecado, sino también la actitud del corazón que facilitaba el caer en pecado. La actitud del corazón era una consecuencia de la iniquidad y esta actitud debía cambiar para que la persona quisiera seguir a Dios.

En Jeremías 31:33,34 Dios declaró a Israel que bajo el Nuevo Pacto El pondría Sus leyes *"en su corazón; y...per donaré la maldad de ellos y no me acrodaré más de su pecado"*. También en Isaías 53 Dios declaró que *"´él (Jesús) herido por nuestras rebeliones..."* y *"el castigo de nuestra paz fue sobre él"*.

En Tito 2:14 se nos dice que somos redimidos de nuestra iniquidad y purificados en Cristo. Sólo en el Nuevo Pacto podemos ser puestos en libertad del cautiverio de nuestras iniquidades en una generación y ser una "creatura nueva" en Cristo. Sólo el cristiano verdadero puede ser regenerado a una vida nueva; una persona que ha "nacido de nuevo" del Espíritu de Dios puede reclamar a un Padre en quién no hay iniquidad y por lo tanto vencer la carne y la naturaleza pecaminosa de Adán, tal y como I de Pedro 1:23 lo declara:

"Siendo renacidos, no de simiente corruptible, sino de incorruptible, por la palabra de Dios que vive y permanece para siempre".

Somos nacidos de la simiente de Cristo. Isaías 53:10 nos dice que *"cuando haya pues to su vida en expiación por el pecado, verá linaje"*. Nuestro espíritu regenerado es del linaje de Jesucristo, sin pecado y sin iniquidad. El se mantuvo sin mancha por nosotros. En Juan 17:19 Jesús oró al Padre diciendo:

"Y por ellos yo me santifico a mí mismo, para que también ellos sean santificados en la verdad".

Este principio se confirma una vez más en I de Juan 3:9, el cual dice:

"Todo aquel que es nacido de Dios, no practica el pecado, porque la simiente de Dios permanece en él; y no puede pecar, porque es nacido de Dios".

Es importante que los padres entiendan que sus propios pecados impactarán a sus hijos, no es suficiente el decirle a los hijos qué hacer o qué no hacer. Ellos están sujetos a los efectos de la iniquidad del padre, ellos serán vulnerables a la misma clase de pecados que sus padres se entregaron. Los padres deben santificarse así mismos por el bien de sus hijos, esto no quiere decir que no es importante lo que la madre haga o deje de hacer. La enseñanza e influencia de la madre es real y puede tener un gran efecto en el comportamiento y actitud del hijo, pero la Biblia declara que la iniquidad del padre es transmitida hasta la tercera y cuarta generación.

En Mateo 7:24-27, la conclusión del Sermón del Monte resume este principio de manera clara. Jesús dijo que un hombre que oye las palabras de Cristo y las lleva cabo, es como el hombre que edifica su casa sobre una fundación de roca. Cuando las tormentas lleguen, la casa permanecerá; pero el hombre que oye las palabras de Cristo y no las hace, es como el hombre que edifica su casa sobre la arena. Cuando las tormentas llegan, la caída de la casa es total.

Todo el potencial de esta parábola llegará cuando uno identifique la palabra "casa" a "familia". A través de la Biblia, la "casa" es usada como sinónimo de la familia o descendientes. Se entiende que la "casa de David" se refiere a la familia que desciende de David. La "casa de Saúl" significa los descendientes de Saúl. Un hombre que oye y hace las palabras que Jesús habla, edificará su familia en la roca de Jesucristo y las tentaciones y pruebas que vengan en contra de la casa no causarán su caída.

Ser libres de la ley escrita en piedra no nos libera de la ley que ahora está escrita en nuestros corazones por el Espíritu Santo. Para en verdad romper la atadura al pecado y la iniquidad sobre nosotros y nuestros hijos, debemos nacer de nuevo de esa simiente incorruptible, arrepentirnos de nuestros pecados, confesar las iniquidades de nuestros padres y caminar en el Espíritu. Al continuar en obediencia a Dios nos santificamos y edificamos una herencia espiritual para nuestros hijos. Deuteronomio 6:30 nos promete que si continuamos obedeciendo a Dios con todo nuestro corazón, El circuncidará nuestros corazones y los de nuestros hijos.

Los efectos adversos y destructivos de la iniquidad han sido enfatizados en los párrafos anteriores con el propósito de exponer los efectos de largo plazo de la iniquidad en una familia, y ultimadamente, una nación. ¿Cuáles son los efectos a largo plazo en nuestros hijos al evadir la iniquidad? Es fácil decir que los hijos serán bendecidos y no nos causarán problemas, pero es mucho más que eso. Todavía somos nacidos bajo la maldición de Adán y somos pecadores por naturaleza hasta que conocemos a Jesús y tenemos el poder del Espíritu Santo habitando dentro de nosotros para transformarnos en una nueva criatura.

Enseñanzas seculares nos hacen creer que los niños que resultan malos son el resultado de un ambiente y educación malos. ¿Y qué pasó entonces con Moisés? Moisés fue adoptado por la hija del faraón cuando tenía tan sólo dos meses de edad. Fue llevado al palacio y criado como nieto del faraón. La Biblia nos dice que él fue educado en la sabiduría de los egipcios. Los egipcios adoraban todo tipo de dioses falsos y su moral no era precisamente conservadora. Cuando era joven Moisés pudo haber tenido cualquier cosa que su corazón deseara, ¿quién se hubiera atrevido a decir no? Vino, mujeres y música hubieran sido suyos en un abrir y cerrar de ojos, pero nos es dicho que él escogió dejar pasar los placeres del pecado. Fue su decisión voluntaria. ¿Cómo podía él ser tan fuerte cuando su ambiente y cultura dictaban que era correcto hacer esas cosas? El código egipcio de ética y conducta no definía la moralidad de la misma manera en que Jehová la definía.

La respuesta se encuentra en el hecho de que el padre de Moisés era levita, que su madre era levita y que Leví, su ancestro, tenía un pacto con Dios, así como Abraham, otro ancestro. Aún la adopción y la enseñanza no cambiaron lo que Moisés era en su espíritu. La Biblia dice que él era un niño correcto. Otro ejemplo de las recompensas de la justicia se encuentra en la historia de José. Una vez más vemos que José, sujeto al rechazo y depravación, fue forzado a circunstancias fuera de su elección, pero se mantuvo fiel a los mandamientos de Dios con todo su corazón. Jacob, su padre, había sido un usurpador, un tramposo, pero después de su transfomación, Dios cambió su nombre a Israel.

La mayoría de la gente hoy en día han visto u oído de alguna familia que ha adoptado a un niño y lo ha educado en un buen hogar, muchas veces con fuertes principios bíblicos, sin embargo el niño creció y se involucró en drogas, sexo o crimen, rompiendo el corazón de los padres. Otra vez preguntamos, ¿ por qué? El ambiente y la educación no lo son todo. La iniquidad de los padres es tan real como el color de cabello o de ojos del niño. La herencia espiritual no cambia al momento de la adopción así como la herencia genéti- ca tampoco. Las enfermedades heredadas deben tratarse, así como la maldad heredada también. Nos guste o no, somos responsables por nuestros hijos. Bajo el Nuevo Pacto podemos librarnos de la esclavitud de la iniquidad de nuestros padres, librar a nuestros hijos y entonces vivir para darles buenos genes espirituales al mantener una buena higiene espiritual.

Las escrituras ilustran la importancia de evadir la iniquidad desde un principio en lugar de hacer el intento de tratar con ella después de que ha sido creada y transferida con creciente destrucción. En Jeremías 35 hay una historia fascinante de los recabitas. Estas tribus de madianitas nómadas vivían en la tierra de Israel durante el tiempo de la invasión babilónica (607 A.C. aprox.) y habían sido forzados a refugiarse de los ejércitos invasores de Nabuconodozor en la ciudad de Jerusalén. Ellos eran descendientes de Jonadab, hijo de Recab, el cual se menciona en II de Reyes 10. Jonadab ayudó a Jehú a destruir el culto a Baal en Israel después de la muerte de Acab y Jezabel.

Los recabitas fueron usados por Dios como testimonio en contra de Judá porque mientras Judá era desobediente

La Iniquidad 45

a las palabras de Dios, ellos obedecieron los mandamientos de Recab de no beber vino, no vivir en casas o plataciones, etc. por más de 250 años. Para probar que ellos fueron fieles al mandato de sus padres naturales, Dios le dijo a el profeta Jeremías que invitara a los recabitas a un cuarto ostentoso y con vino delante de ellos pa ra ofrecerles. Ellos se negaron a pesar de la presión social para participar. En Jeremías 35:2 en adelante, Dios le dijo al profeta:

"Vé a casa de los recabitas, y habla con ellos, e introdúcelos en la casa de Jehová, en uno de los aposentos y dales a beber vino. Tomé entonces a Jaazanías hijo de Jeremías, hijo de Habasinías, a sus hermanos, a todos sus hijos, y a toda la familia de los recabitas y los llevé a la casa de Jehová, al aposento de los hijos de Hanán hijo de Igdalías, varón de Dios, el cual estaba junto al aposento de los príncipes, que estaba sobre el aposento de Maasías hijo de Salum, guarda de la puerta.

Y puse delante de los hijos de la familia de los recabitas tazas y copas llenas de vino, y les dije: Bebed vino. Mas ellos dijeron: No beberemos vino; porque Jonadab nuestro padre nos ordenó diciendo: No beberéis jamás vino vosotros ni vuestros hijos; ni edificaréis casa, ni sembraréis sementera, ni plantaréis viña, ni la retendréis; sino que moraréis en tiendas todos vuestros días, para que viváis muchos días sobre la faz de la tierra donde vosotros habitáis.

Y nosotros hemos obedecido a la voz de nuestro padre Jonadab hijo de Recab en todas las cosas que nos mandó, de no beber vino en todos nuestros días, ni nosotros, ni nuestras mujeres, ni nuestros hijos, ni nuestras hijas; y de no edificar casas para nuestra morada, y de no tener viña, ni heredad, ni sementera.

Moramos, pues en tiendas, y hemos obedecido y hecho conforme a todas las cosas que nos mandó Jonadab nuestro padre".

La obediencia sencilla de los recabitas contrastaba con la actitud y acciones rebeldes de la tribu de Judá y Dios los reprendió severamente por su desobediencia persistente. En los versículos 16 y 17 Dios pronunció un juicio en contra de Judá porque El encontró un pueblo que obedecía a su padre natural mientras que Judá no obedecía la voz de Dios.

"Ciertamente los hijos de Jonadab hijo de Recab tuvieron por firme el mandamiento que les dio su padre; pero este pueblo no me ha obedecido.

Por tanto, así ha dicho Jehová Dios de los ejércitos, Dios de Israel: He aquí traeré yo sobre Judá y sobre todos los moradores de Jerusalén todo el mal que contra ellos he hablado; porque les hablé, y no oyeron; los llamé y no han respondido".

Después de pronunciar juicio sobre la casa de Judá, Dios le hablo al profeta para que le dijera a los recabitas (ver. 19):

"Por tanto, así ha dicho Jehová de los ejércitos, Dios de Israel: No faltará de Jonadab hijo de Recab un varón que esté en mi presencia todos los días".

Hay un diccionario bíblico moderno que registra que hay una tribu de árabes, los Beni-Khabir, los cuales habitan cerca de la ciudad de la Meca, quienes afirman ser los descendientes de Jonadab, el hijo de Recab. Todavía se apegan a las reglas antiguas y son un testimonio a la bendición de la promesa de que nunca faltaría un hombre delante de Jehová.

Debe de notarse que el mandamiento no era sólo el de no beber vino, sino que también había otras porhibiciones las cuales no sólo los hombres sino también las mujeres debían de guardar. El hecho es que había una obediencia general y universal al mandamiento, los hijos de la siguiente generación también guardaron la tradición y el mandato de los padres. La falta de rebeldía is asombrosa. Los hijos que obedecen a sus padres tiene una predisposición de tener hijos obedientes.

La Iniquidad 47

Un ejemplo moderno de este principio de los recabitas se encuentra en los Estados Unidos en las familias Amish del sur del estado de Pennsylvania. Las tradiciones y estilo de vida de los Amish continúan de generación en generación, con pocos los que adoptan las "comodidades" y modo de vida modernos. Aún hoy en día no tienen teléfonos, electricidad, automóbiles, radios, televisiones o ningún atavío americano moderno. Ellos continúan obedeciendo los mandamientos de sus padres de no tener ninguna de estas cosas. Incluso todavía cultivan la tierra y viven de la misma forma que lo han hecho por cientos de años.

Debe haber una nota adjunta a este capítulo que trate un área muy seria. ¿Qué con la mujer? ¿Dónde queda ella en este cuadro, especialmente en las familias donde el esposo y padre es claramente rebelde y tiene una historia de pecado e iniquidad? Hay muchas madres que han tenido hijos de esposos y padres reprobados, ¿cómo pueden sus hijos ser libres de la esclavitud a la iniquidad de su padre? A través de la obra en la Cruz nosotros tenemos un mejor pacto. Bajo el Nuevo Pacto los hijos son santificados por medio del padre (madre) creyente (I Corintios 7:14). Si la madre es creyente los hijos son santificados por ella. La madre debe santificarse y enfrentarse al enemigo, el cual tratará de reclamar a los hijos a través de la iniquidad su padre. La batalla por estos hijos será intensa, pero muchos hijos caminan hoy con el Señor gracias a una madre o abuela piadosa. ¡Cuán bendecidos y protegidos son los hijos de de una pareja piadosa de padres cristianos!

Un ejemplo de las bendiciones de las madres piadosas se encuentra en II de Timoteo 1:5 donde el apóstol Pablo, al escribirle al joven Timoteo le recuerda:

"Trayendo a la memoria la fe no fingida que hay en ti, la cual habitó primero en tu abuela Loida, y en tu madre Eunice, y estoy seguro que en ti también".

¡Cuán asombrosa gracia!

Capítulo V
EL RECHAZO

Si hay un sólo problema al cual culpar por el retraso del cuerpo de Cristo y la invalidez de los santos, sería EL RECHAZO y el daño emocional que causa. La mayoría de los problemas frustrantes que un líder debe enfrentar hoy en día son resultado del rechazo o el miedo a él. Muchas iglesias, ministerios y otros grupos que han crecido inefectiva mente a raíz de pleitos y tensión interna, han podido señalar la causa principal de ese fracaso como problemas que se levantaron a raíz del rechazo y la inseguridad.

Aún los líderes frecuentemente luchan contra temor del daño del rechazo o la falta de perdón que se originó al ser rechazados por las personas más cercanas. Proverbios 18:14 declara: *"El ánimo del hombre soportará su enfermedad; mas ¿quién soportará el ánimo del angustiado?"*. Las heridas causadas por el rechazo, al ser infectadas por la falta de perdón y amargura, abren la puerta a tormentos y ataduras espirituales los cuales traerán derrota al hombre. No hay otra arma en el arsenal de Satanás que haga tanto daño a la gente de cualquier nivel de madurez espiritual como los espíritus de rechazo y temor al rechazo. Estos dos espíritus parecen ponerse de acuerdo para abrir más puertas a la opresión, problemas emocionales profundos y otras dificultades emocionales más serias.

El daño causado por el rechazo sin duda es el área más grande de necesidad de sanidad en el cuerpo de Cristo, pero es difícil tratarlo en un libro como este ya que no es necesariamente un tipo de personalidad en sí. Sin embargo, es común a casi todos los proble mas de personalidad. En algunos casos, el rechazo es la raíz del problema de personalidad y en otros casos es una causa secundaria como resultado de problemas más profun dos. El estudio del rechazo es más complicado ya que todos lo hemos encontrado en cierto punto, a cierto grado de intensidad y con cierto grado de efecto residual en la per sonalidad. La gente generalmente carga con los efectos como si fueran la basura del año pasado.

Este capítulo no tratará con la multitud de causas del rechazo, sino con sus efectos en las actitudes y compor tamientos demostrados por individuos en el cuerpo de Cristo. Los siguientes ejemplos breves ilustrarán situa ciones que pudieran existir en un grupo, así como el com portamiento que puede esperarse de los individuos con problema de recha zo. Además trataremos de describir cómo es que el rechazo puede afectar a los elementos del grupo, incluyendo al líder.

¿Ha considerado alguna vez que el rechazo causó el primer asesinato? Cuando Dios rechazó el sacrificio de Caín, la envidia y los sentimientos de inferioridad que nacieron no lo llevaron al arrepentimiento, sino al asesina to de su hermano. ¿Cuántos de nosotros hemos sentido alguna vez el ataque asesino de alguien dentro del cuerpo de Cristo, o alguien cercano, porque fueron rechazados al ofrecer lo que ellos pensaron sería una solución nueva y mejor a un problema?

El rechazo a la esposa de Potifar llevó a José a ser fal samente acusado y encarcelado por un crimen que él no cometió. ¿Cuántas veces se ha sentido encarcelado y sofo cado por miembros del cuerpo o por alguien cercano? Aunque tal vez usted se de cuenta que su reacción hacia usted es en respuesta a su propia experiencia con el rec hazo, el rechazo que usted experimenta no deja de ser doloroso.

El rechazo público de Miriam y Aarón a la esposa de Moisés sembró en el campamento rebelión y desconfianza de su líder. Esto llevó inmediatamente a la lepra de Miriam y a su separación del campamento de Israel. ¿Cuántas veces ha usted visto que la separación ocurre en la vida de alguien con la tendencia a la crítica injusta y aún al rec hazo de líderes, lo cual lleva a la rebelión? Esta es la man era en que Satanás mantiene los problemas centrados en los sentimientos de rechazo los cuales se están extendien do de manera rápida por todo el cuerpo.

Cuando la gente sufre por el rechazo y temor al recha zo, frecuentemente se vuelven demasiado críticos de sus compañeros y de sus líderes. El rechazo causa que la gente trate de compensar su baja auto estima y su complejo de inferioridad al rebajar a otros al nivel que ellos sienten están ellos mismos. ¿Alguna vez ha sentido la crítica de sus compañeros cuando usted SABIA que estaban sien do injustos? Un efecto acumulativo del rechazo es el de retardar el progreso o de paralizarlo completamente. Opera de esta for ma: La persona rechazada se vuelve tan aprensiva y temerosa al rechazo que ya no se arriesgará a presentar sus ideas u opiniones.

El rechazo del liderazgo de Aarón por tres hombres que se sintieron despreciados por Dios, causó una revuelta en la que murieron 250 hombres en un día. El problema no paró ahí, ya que al siguiente día la gente atacó a Moisés por la intervención de Dios y lo acusaron de ser el responsible de la muerte de las 250 personas. Miles más murieron como resultado de este nuevo ataque en contra del lider azgo de Moisés. Israel nunca mas descansó bajo el lider azgo de Moisés, lo cual causó malpasos espirituales serios y repetitivos. ¿Ha visto alguna vez a alguien que va ata cando para cubrir su propia amargura en contra de Dios por rechazar lo que él pensó era su llamado ministerial? ¿Alguna vez ha visto a alguien tratando incluso de destru ir la reputación de otro para ganar aprobación y aceptación para sí mismo? Antes de responder con enojo a causa de este comporta-miento, debemos tomar en consideración los efectos del rechazo repetido.

Como creyentes nos encanta repetir, enseñar y recibir consuelo en el hecho de que Jesús experimentó y fue toca do por todo lo que nos toca a nosotros. El problema es que así como en Hebreos 4:14,15 se nos da un gran consuelo, es también el más grande catalizador para el cambio, la liberación y la madurez. Esto DEBE forzarnos a perdonar y a dejar atrás la basura que estamos cargando. ¿Quién puede permanecer atrás de las barreras causadas por el rechazo cuando estos versículos se han convertido en VIDA para nosotros?

"Por lo tanto, teniendo un sumo sacerdote que traspasó los cielos, Jesús el Hijo de Dios, retengamos nuestra profesión.

Porque no tenemos un sumo sacerdote que no pueda compadecerse de nuestras debilidades, sino uno que fue tentado en todo según nuestra semejanza, pero sin pecado".

El dolor y el rechazo fueron cosas comunes para Jesús. ¿Cuántas veces encontramos eventos registrados que apuntan claramente al rechazo que El sufrió? No sólo los líderes religiosos de Su época lo rechazaron, sino también aquelllos a los que Su mensaje les fue demasiado dificil y Sus normas demasiado severas. Aún mientras se preparaba para Su muerte, El trató de explicar a Sus discípulos que el Mesías tenía que ir a Jerusalén y sufrir el rechazo más grande, no sólo de parte de los escribas, fariseos y las multitudes, sino también de uno de los Suyos. Judas había comido con El, caminado con El, compartido Sus momentos victoriosos y hasta soñado con estrablecer el Reino de Dios en la tierra. La mayoría de nosotros podemos entender el dolor de tener a alguien cercano volverse en nuestra contra y tratar de destruirnos después de compartir tantas cosas en la vida. ¿Entendemos de verdad la sanidad que Jesús derramó ese día para librarnos de los efectos del rechazo? El poder de esa obra nos da la abilidad para apreciar, alcanzar y confiar de nuevo.

Si empezamos a entender el poder de esta parte del ministrio de Jesús, entonces Isaías 53:3-5 tendrá un nuevo significado en nuestras vidas, en nuestras relaciones y en la manera en que ministramos y recibimos ministración. El versículo 3 de este pasaje se convertirá en un fundamento de nuestro desarrollo porque El siguió adelante a pesar de todo y cumplió los versículos 4-12 del mismo capítulo.

Aún en todo esto y aunque nos identifiquemos con la naturaleza y el dolor que Jesús padeció, nos imaginamos que nuestro Padre Celestial permanece inafectado, ileso, in sensible y distante del dolor del rechazo. Algunas veces somos culpables de creer que el Padre es de naturaleza estoica, falto de entendimiento y compasión ante esos golpes dolo rosos que Satanás y el pecado han traído a este mundo. Percibimos a nuestro Padre Celestial como a alguien que tiene normas tan rígidas que si no fuera por la vida de Jesús, todos fallaríamos y anticiparíamos el casti go y la separación.

¡Esto no podría distar más de la verdad! Nuestro Padre Celestial conoce BIEN el aguijón del rechazo, ya que El fue el primero en experimentarlo en el cielo o en la tierra. Tanto en Isaías 14 como en Ezequiel 28 encontramos inscrito el primer acontecimiento del rechazo. Considere el escenario y cómo debe de haberse sentido el Padre. Todo marchaba bien en el Cielo, todo estaba exactamente como El lo había creado y El estaba satisfecho completamente. La música y la adoración eran hermosas más allá de cualquier descripción. Cada ángel llevaba a cabo las tareas que le eran asignadas sin queja alguna y con júbilo. Pero entonces la Biblia dice que la iniquidad llegó a uno de los seres especiales creados, uno que Le conocía mejor, el arcángel que pasaba más tiempo en comunión con El ya que estaba a cargo de la música y dirigía la alabanza celes tial. La respuesta de Lucifer a la iniquidad encontrada en él no fue el arrepentimiento de corazón, sino que inició una revuelta, rechazando el liderazgo del Padre sobre la creación.

¿Puede usted imaginarse el dolor del Creador al decirle la creación que El era deficiente y que ya no estaba capacitado para dirigirla? ¿Puede imaginarse el dolor por la guerra y Su pérdida cuando el Padre tuvo que separarse para siempre de aquellos que El había creado con amor y con los que deseaba tener comunión? La mayoría de nosotros nos hubiéramos vuelto infelices, desconfiados, sospechosos de todos los demás y completa mente desinteresados en volver a tomar otro riesgo. Estaríamos seguros de que algo anda mal en NOSOTROS, y si alguna vez nos atrevemos a de nuevo hacer el intento, "asegu raríamos nuestras apuestas" y nos cercioraríamos de que NADA podría lastimarnos así otra vez. Nuestro Padre no es así, ¡GLORIA A SU NOMBRE! No sólo El lo volvió a inten tar, sino que hizo al hombre un poco menor que los ánge les que se habían rebelado la primera vez.

El Padre hizo el intento una vez más y en los capítulos 1-3 de Génesis está registrado el segundo y tal vez aún más doloroso encuentro de Dios con el rechazo. En Géne sis 1:26 leemos:

"Entonces dijo Dios: Hagamos al hombre a nuestra imagen, y conforme a nuestra semejanza; y señoree en los peces del mar, en las aves de los cielos, en las bestias, en toda la tierra, y en todo animal que se arrastra sobre la tierra".

Con esto nos damos cuenta que el hombre fue hecho a la imagen de Dios, tenía control sobre su medio ambiente y no le faltaba nada. La paz y la armonía prevalecían.

En el versículo 8 de Génesis capítulo 2 vemos un cuadro más profundo de cuán bueno Dios era para con el hombre, cuán especial Dios pensaba que era el hombre y hasta que extremo fue Dios por la felicidad del hombre:

"Y Jehová Dios plantó un huerto en Edén, al oriente, y puso allí al hombre que había formado".

Un beneficio extra del vivir en el huerto se encuentra en Génesis 3:8:

"Y oyeron la voz de Jehová Dios que se paseaba en el huerto, al aire del día...".

Qué emocionante debe haber sido el caminar con el Padre al aire del día cada día. Todo marchaba bien por una temporada, hasta que Satanás se infiltró en el huerto y convenció al hombre de que su camino era mejor que el de Dios. Ya que Dios era completamen- te bueno y no podía enseñarle al hombre acerca del mal, al hombre siempre le faltaría lo que ahora llamamos una educación completa y sofisticada. Desafortunadamente el hombre estuvo de acuerdo con el enemigo de Dios y comió el fruto del árbol prohibido. Una vez más la belleza de la creación de Dios fue manchada por el rechazo de esa creación hacia su Creador.

¿Podremos alguna vez entender el grado de dolor en el corazón de Dios ese día? Aún así Su respuesta fue una de perdón y reconciliación, ya que inmediatamente abrió un NUEVO CAMINO hacia Su presencia.

¿Cuántas veces hemos sentido el aguijón del rechazo de alguien a quien hemos ayuda do a tener una vida mejor o más productiva en Dios, o un matrimonio más feliz, o una vida más satisfecha profesionalmente? Como resultado de eso, ¿cuántos de nosotros nos hemos alejado de los demás y hemos levantado nuestros muros tan altos para que NADIE se nos pueda acercar otra vez? Al terminar de leer el relato bíblico, el amor y la pureza del Padre brillan para dirigirnos a Su sanidad. Esta sanidad está a nuestro alcance por medio de la vida del Hijo y es ministrada a través del poder del Espíritu Santo, cuando aplicamos la lección que El concluyó para nosotros. El preparó inmedi atamente una ofrenda para el pecado y le enseñó la recon ciliación a Su creación a través del poder del perdón.

En Exodo 19 encontramos a Dios deseando otra vez tener el mando directo y comunión con Su pueblo, así que instruyó a Moisés para que le dijera a el pueblo que se alistara, porque en tres días El descendería y hablaría con ellos para que creyeran y se mantu vieran firmes.

¡Cuán agradecidos, cuánto amor y acción de gracias para el Padre esperaríamos de Su pueblo! El Padre acaba ba de poner fin a sus 400 años de esclavitud y en el pro ceso había quebrado el lomo de cada dios demoníaco que los había atormentado y perseguido, o que había intenta do matar toda la vida y esperanza espiritual que les qued aba. Los había sa cado victoriosos sobre sus enemigos, con tesoros siendo echados a sus pies para pagar por todos los años de fatiga, vergüenza, abuso y muerte.

Cuando leemos la historia en el capítulo 20, versículos 18 y 19 descubrimos que:

"Todo el pueblo observaba el estruendo y los relámpagos, y el sonido de la bocina, y el monte que humeaba; y viéndolo el pueblo, temblaron y se pusieron lejos.

Y dijeron a Moisés: Habla tú con nosotros, y nosotros oiremos; pero no hable Dios con nosotros, para que no muramos".

¡Qué triste y herido debe de haberse sentido el Padre! Toda la gente vio el esplendor de SU SANTIDAD, pero en lugar de regocijarse ante un Dios tan justo que se compadecía de ellos, le atribuyeron el carácter de uno de los dioses demoníacos de los que habían sido librados. ¿Cuántas veces somos rechazados por gente que no nos puede separar de cada una de las situaciones malas o dolorosas que han enfrentado? ¿Cuántas veces nos hemos sentido no comprendidos por aquellos que debieran conocernos y confiar en uno? Pero aún más importante, ¿cuántas veces hemos desconfiado en aquellos que debiéramos confiar, incluso el mismo Padre?

Una vez más nuestro Padre fue rechazado en un momento de vulnerabilidad cuando expresó Su amor y Su deseo de comunión. ¿Cuántas veces nos sentimos malinterpretados cuando tratamos de acercarnos, cuando nosotros como líderes malinterpretamos el acercamiento de Dios que sólo es para ayudarnos a desarrollar algún aspecto de nuestro ministerio?

Seguimos una vez más con nuestro relato en Exodo 20:21:

"Entonces el pueblo estuvo a lo lejos, y Moisés se acercó a la oscuridad en la cual estaba Dios".

Debemos entender que la vida, la sanidad, la dirección, el propósito y la identidad se encuentran en la presencia de Dios, aunque la presencia de Dios nos lleve a veces por la oscuridad de experiencias dolorosas. Debemos de aprender que Dios con frecuencia per mite que apren damos misericordia y compasión por medio de gente que está tan lastima- da y no permiten que nadie más viva en paz, por miedo a que haya un reflejo negativo de su tumul to interior.

La única ganancia al evadir la oscuridad donde estaba Dios, fue una relación de segun da mano con el Padre, la cual estaba moldeada por las opiniones y reacciones de Moisés. No importa el "celo" que uno tenga por Dios o qué tan más espiritual es que los demás, si permitimos que nuestra relación con Dios sea a través de otro, recibiremos menos de lo que Dios quería que recibiéramos. De la misma forma, nuestro caminar en los planes y própositos de Dios se hace más complicado y pecar se vuelve más fácil. Además permi timos que las heridas que recibimos de otros nos conserven en estado de rechazo. Se ha ce más fácil aceptar una relación de segunda mano con el Padre para evitar Su trato con nuestro espíritu herido y lastimado, y al fracasar en conocerle realmente y conocer Su ca rácter, perdemos la oportunidad de experimentar cuán grande comunión (I de Juan 1:3). Cuánto poder y autoridad sacrificamos con esto.

Si nosotros, como pueblo que ministra la vida y el amor de Dios, podemos aprender de estas situaciones, podremos identificar a aquellos que han sido rechazados o maltrata dos, ya que ellos atribuirán a nosotros la conducta del abusador. Siempre guardarán su distancia y tratarán de poner tanta gente como sea posible entre ellos y nosotros. Con frecuencia parecen no tener deseos de cooperar y son distantes a pesar de nuestro esfuerzo por acercarnos.

No tome a pecho este comportamiento, sino entienda que el rechazo es una de las razones de esa conducta. Comience a ministrar la aceptación, vida y libertad de Dios.

En I de Samuel 8:1-22 encontramos el siguiente recha zo a Dios que se registra. Aquí los hijos de Israel demandaban un rey por dos razones:

1. Para que no pudiesen ser lastimados y rechazados de nuevo por los que ellos consideraban eran malos guardianes de los planes y direcciones de Dios. (Los hijos de Samuel no vivían la vida de pureza y dedicación de su padre).

2. Ya no querían ser rechazados por el mundo a su alrededor por ser diferentes y no concordar, ya que su líder era invisible. Aún cuando Samuel trató de advertirles de los problemas que enfrentarían, ellos dijeron: "No nos importa, porque necesitamos poner otro velo de distancia entre Dios y nosotros".

¿Cuántas veces hemos sentido nosotros la daga del rec hazo profundamente, cuando un grupo de amigos o famil iares escogen a un nuevo líder, o forman una amistad nue va porque pensaron que les convenía más? No entendemos porque somos culpables de querer en exceso, tratando demasiado de acercarnos más a ellos y ayudarles a lograr la victoria sobre los enemigos espirituales en sus vidas.

Si la herida de Samuel era profunda y podemos enten derlo debido a la respuesta que le dio Dios, imagínese la profundidad de la herida del Padre. Muchas veces le deci mos al Padre: "Yo tengo un mejor plan, Dios, no puedo con fiar en que me guiarás sin demasiado dolor y pérdidas"; o decimos también: "Dios, no puedo caminar por tus caminos. Estoy harto de que se rían de mi. Tus leyes me hacen sentir tan diferente".

Debemos tratar con las reacciones de la gente rechaza da en la misma forma en que lo hace nuestro Padre, con paciencia y mansedumbre. Así cuando ministremos el bál samo de la sanidad como lo hizo el Padre, veremos a muchas más personas sana das ser restauradas al Reino. El Padre dijo constantemente estas cosas a los que le rec hazaron:

1. Todavía te amo.
2. No he cambiado de parecer en cuanto a tu poten cial o tu lugar en mi corazón.
3. Escojo aplicar el perdón.

4. Todavía eres Mi pueblo.
5. No cambiaré de opinión acerca de tu futuro conmigo.

Si pudiéramos aprender a no rendirnos, sino a caminar en la sanidad y el perdón que nosotros hemos recibido, el ataque más grande de Satanás sobre el cuerpo de Cristo fallaría completamente, y si nosotros como el Padre, pudiéramos comprender los problemas sufridos por el que nos rechaza, tal vez podríamos responder con compasión. Sería muy sabio, cuando tratamos con una persona que reacciona mal debido al rechazo, orar y pedirle al Espíritu Santo que nos revele su área de necesidad y dolor.

Seguramente cuando nos damos cuenta de que el mismo Padre fue rechazado con frecuencia, será más fácil entrar en Su presencia y confesar nuestra necesidad de Su toque sanador. Sabemos que no sólo entiende la causa del dolor en nuestras vidas, sino también que ha sido tocado por la misma herida; por lo tanto Su intervención en nuestra vida será tierna, llena de amor y comprensión hacia nuestro dolor y confusión.

Cuando nos encontramos con gente afligida y somos guiados por el Padre para ministrarles, puede ser de gran ayuda la siguiente lista de características, síntomas de patrones de conducta o modos de expresión, la cual revelará a aquellos que sufren de rechazo.

1. Tienen la tendencia a no usar regularmente sus talentos y habilidades dados por Dios.

   a. De vez en cuando comparten una palabra o canción con el cuerpo de Cristo, pero nunca con regularidad.

   b. Tratan de no usar algún don que revele algo de ellos mismos.

   c. A menudo expresan envidia de aquellos que usan sus dones.

   d. Con frecuencia requieren que el líder casi tenga que forzarlos a compartir su talento. Cuando esa atención no llega, se sienten y proceden a atacar.

2. Frecuentemente, tanto abiertamente como indirectamente atacan al líder o a la persona de la que se sienten más amenazados.

3. Debido a experiencias con el rechazo en el pasado, serán los primeros en atacar cuando sientan que alguien está a punto de rechazarles.

4. Los individuos rechazados tienen un fuerte instinto de sobrevivencia y atacarán el carácter o reputación de otros a raíz de su necesidad de aceptación.

5. Rechazarán a otros antes de que estos tengan la oportunidad de rechazarles. Tienen un nivel muy bajo de autoestima lo que los hace esperar ser rechazados.

6. Los individuos que sufren rechazo comparten ciertas características con sus víctimas. Saben cómo empujarle hasta que usted les rechace, tal y cómo se dijeron a sí mismos y a los demás que usted lo haría, aunque esa no allá sido su intención. (Algunos tienen la habilidad de manipularle hasta un punto donde su rechazo a ellos ocurra en público).

7. El rechazo resulta en que se retiren aún más. Muchas veces dan la impresión de que su vida entera está en su mente. Nunca están seguros de sus sentimientos, pensamientos o acciones. A menudo da la impresión de que al tratar de comunicarse con ellos, uno se topa con una barrera.

8. Si la gente que sufre por los efectos del rechazo también tiene tendencias de demostrar personalidad de víctima, no sólo se alejarán sino también pelearán una tremenda batalla contra la duda e incredulidad. (Tendrán dificultad para confiar en usted, pero aún más dificultad para confiar en Dios. Le atribuirán características y motivos que indican sólo infortunio y dolor para sí mismos y bien para otros).

9. El rechazo causa que sus cautivos sean extremadamente tímidos. Si están sufriendo de

personalidades fóbicas o temerosas entonces la obra inicial se complica. Debe establecerse un nivel de confianza, no sólo con uno, sino también con Dios. Estas personas son tan frágiles, que declaraciones que sean ligeramente hostiles o dirigidas al futuro pueden resultar en la congelación momentánea del progreso.

10. La naturaleza del rechazo causa soledad, lo cual empuja a sus cautivos a otros pro blemas de per sonalidad más profundos.

11. La baja autoestima siempre está presente porque el miedo al rechazo les forza a evaluarse así mismos negativamente.

12. El efecto del rechazo produce un fuerte sentido de no ser o "Yo no soy".

13. Como resultado de las tres características ante riores, son gente que no sólo pelea una batalla sin fin contra el rechazo, sino que están preocupados en su interior, lo cual causa que el ministrar a las necesi dades de otros sea casi imposible, ya que sus necesi dades tienden a abrumar sus reservas emocionales.

14. Parece que toda persona que sufre los efectos del rechazo se siente completamente indigna de cualquier cosa buena, cualquier reconocimiento por sus logros o cualquier cumplido a su personalidad o apariencia personal.

15. La característica anterior complica su vida espir itual más que cualquier otra, ya que crea la siguiente actitud, la cual es la inabilidad para aceptar su propia salvación. Esto causa las siguientes reac ciones, resultando en pleitos y tensión tanto dentro de la iglesia como en grupos no religiosos.

   a. Constantemente fijan normas demasiado altas que nadie puede alcanzarlas.

   b. Son demasiado críticos de sí mismos y de su vida espiritual que no llevan fruto.

c. Juzgan a todos por sus propias normas y por eso nunca encuentran a alguien que merece su servicio.

d. Son incapaces de recibir perdón en su propia vida.

e. Perdonar a otros y soltar sus sentimientos de animosidad es imposible.

f. Contantemente le recuerdan a otros de sus debilidades y repetidamente necesitan consejería por los mismos problemas.

g. Se ganan reputación de tenerse lástima.

h. Recuerdan las fallas y los pecados de otros y los mencionan sutilmente cuando la "necesidad de destruir a alguien" se presenta.

16. Como no pueden aceptar su derecho de recibir la salvación, se centran en la perfección y el control, lo cual causa que demanden niveles altos de desempeño de otros y de ellos mismos. Si también sufren de una personalidad compulsiva, tal vez los considere un tren sin frenos, completamente fuera de control o una máquina que siempre está en movimiento y NADIE pueda mantener su paso. Esto hace que los que se encuentran ministrándolos piensen que su próximo esfuerzo es todo lo que pueden ofrecer, y de no pueden estar seguros de haber estrablecido un nivel de confianza.

17. Después de un período de dificultad con el rechazo, estas personas añaden una actitud de auto justicia a sus mecanismos de defensa.

18. Se vuelven desconfiados de la gente y de Dios y demandan tener el control de sus vidas en todo momento.

19. Entonces progresan a pensar que Dios es una figura autoritaria áspera y demandante y que requiere un comportamiento imposible de producir. Algunas veces también creen que Dios enforza una disciplina dura e irracional. Honestamente no entienden a nadie que perciba a Dios de otra forma.

20. Tienen la tendencia a pelear batallas serias y frecuentes contra:
 a. Autocompasión.
 b. Depresión.
 c. Animo demasiado variable que cambia severamente sin razón alguna.
 d. Lucha e inquietud interior.
 e. Egoísmo y demanda de apoyo emocional constante.
 f. Espíritu crítico y de juicio.
 g. A veces una tendencia de LUCIRSE.

21. Estos cambios emocionales los forzan a crear imágenes falsas para poder sobrevivir.

22. Tienden a tratar de agradar a la gente, lo cual los frustra más y se vuelven más resentidos.

Cuando uno trata con gente rechazada uno debe de hacerles entender la verdad que

Jesús enseñó en Juan 17, que El está en nosotros y el Padre está en El, y por lo tanto Dios es Su Padre y nuestro también. Ellos DEBEN aprender que son aceptados en Cristo. Este hecho no puede ser tan sólo conocimiento mental, sino que debe ser un conocimiento y entendimiento del corazón. Deben darse cuenta, creer y aceptar el hecho de que el DIOS viviente que los conoce a fondo los ama sin ningún obstáculo. Una vez que puedan recibir y creer que son amados y aceptados, estarán abiertos para recibir la sanidad que necesitan. Como puede ver, la liberación es sólo el principio, debe ser ministrada con mucha sanidad, amor y seguida por auto disciplina. El rechazo está generalmente ligado a otros problemas de personalidad y los espíritus involucrados con esos problemas deben ser tratados de manera debida.

La siguiente es una lista breve de los espíritus que se encuentran típicamente junto con el rechazo y que podrán dar un poco más de dirección:

A. Rechazo.
B. Miedo al rechazo.
C. Autojusticia.
D. Crítica.
E. Contienda.
F. Contensión.

G. Juicio.
H. Temor al hombre.
I. Depresión.
J. Pesadumbre.

K. Sufrimiento.
L. Lamento.
M. Autocompasión.
N. Exhibicionismo.

O. Odio a Dios.
P. Odio a uno mismo.
Q. Concepto falso de Dios.
R. Concepto falso de sí mismo.
S. Miedo.
T. Soledad.
U. Sospecha.
V. Rebelión.

Capítulo VI

LA REBELION

Todo líder, consejero y persona que vive tiene a un rebelde en su vida. Estas son las personas que hacen que los lunes se sientan como tales. Son los que disputan cada decisión que usted toma, los que siguen sus instrucciones como ellos las interpretan y quienes en el amor del Señor (por supuesto) mal interpretan cada una de las palabras que usted dice. Hacen que cada junta del comité se haga inolvidable, cada sesión de consejería en un ejercicio frustrante, cada reunión familiar en una lección para mantener relaciones pacíficas, y (si usted es pastor) le hacen desear que tuviera un programa de intercambio con otras iglesias en la ciudad.

LA REBELION no es sólo uno de los problemas más comunes que se observan, es un problema que todos los líderes experimentarán personalmente antes de morir. No sólo debemos considerar a esas personalidades rebeldes como un producto de la experiencia de la vida, sino que debemos examinar a esos individuos capturados en la rebelión debido a causas espirituales.

Para su mejor explicación hemos nombrado los dos aspectos de la personalidad rebelde. Al Tipo A lo llamaremos Gertrudis y al Tipo B lo llamaremos Gregorio. Estas perso nalidades rebeldes generalmente tienen su raíz en uno de dos tipos de experiencias en la vida. Dependiendo de la raíz de la rebelión, la manera de expresión es determinada en la mayoría de los casos de la siguiente manera: La personalidad Tipo A es generalmente muy abierta en su modo se ser, desafiante en su actitud y expresiones y es el que generalmente encabezará una rebelión abierta. La personalidad Tipo B tiene una tendencia a tener sus acciones encubiertas, aparenta ser el líder electo y su reto estará basado ya sea en sus necesidades o las de la gente.

El Tipo A o Gertrudis:

El problema de Gertrudis con la autoridad, reglas y restricciones se desarrolló al estar bajo figuras de autoridad y reglas que abusaban del poder, de naturaleza controladora y de actitudes rebajantes y demandantes. El producto de esto es un individuo que empieza a asociar a las figuras de autoridad con las heridas profundas, pérdida de identidad, restricciones opresivas de su propia personalidad, pérdida de sus metas, sentimientos de inhumanidad o de naturaleza maligna, de inconveniencia para la gente a su alrededor y de no poder ser confiado para hacer algo bien o positivo. Generalmente estas actitudes son producidas porque las reglas y restricciones establecidas por las figuras autoritativas eran para su propio beneficio: sus estilos de vida, sus metas y para cubrir sus propios defectos.

Gertrudis es fácil de reconocer porque:

1. Es la que le llama TODOS los lunes por la mañana para decirle por qué sus juicios, decisiones y declaraciones de la semana pasada fueron totalmente erroneos; o entra en su oficina con una postura que dice: "Estoy aquí para confrontar, cambiar, tomar cargo o eliminar", en otras palabras, ella es dada a la contienda.

2. Gertrudis jamás ha podido mantener relaciones que funcionen en un comité o en ningún trabajo porque cuando trabaja bajo un supervisor ella debate abiertamente cualquier instrucción. Si la instrucción no cambia, ella pone en mal a la figura en autoridad, llegando incluso al grado de usar calumnias en su contra.

3. Tiene una habilidad innata para saber cuales personas en un grupo o congregación pueden ser fácilmente involucradas en pleitos y contiendas.

4. Gertrudis conoce por intuición las áreas débiles del líder y puede producir en él una reacción o declaraciones poco sabias para probar su punto.

5. Aparenta ser arrogante y orgullosa pero la raíz siempre es el temor y la inseguridad.

6. Gertrudis se ve así misma como un instrumento para castigar a todos los que ejercen autoridad y por lo tanto se complace ante la incomodidad del líder.

El Tipo B o Gregorio:

El problema de Gregorio con la autoridad, las reglas y restricciones se desarrolló como resultado de nunca haber sido enseñado a someterse a ninguna autoridad o reglas.

1. Sus padres eran de naturaleza tolerante y pensaban que usar confrontaciones negativas y restricciones lo menos posible produciría un adulto expresivo y maduro, o que cualquier tipo de disciplina o límite reprimiría su creatividad.

2. Sus padres tuvieron experiencias negativas con autoridad y tuvieron miedo de abusar de su uso.

3. Los individuos fueron de alguna manera considerados frágiles emocionalmente o fisicamente, fueron considerados especiales por su talento o intelecto, sufrieron una enfermedad severa la cual causó que los padres temieran por la vida del niño o que fuera a quedar marcado de por vida o tal vez nació con una impedimento o dificultad para el aprendizaje. Estas personas que se encuentran en el Grupo 3 han sido enseñadas verbal y no verbalmente que están por encima y no merecen tener restricciones ni estar bajo autoridad.

Gregorio es fácil de reconocer porque:

1. Gregorio es el que le llama el lunes por la mañana con una explicación triste y melancólica de por qué las decisiones que usted tomó no se adaptan a sus intenciones de ninguna manera. Si es confrontado y el líder se mantiene firme, Gregorio se volverá rígido, enjuiciador y hostil, basando sus acciones en un estado mental confundido. Su

siguiente paso en la manipulación será la hostilidad abierta, una etapa que usará si no le queda más remedio.

2. Su rebelión a menudo toma la forma encubierta de una explicación acongojada de por qué las reglas sencillamente y obviamente no se aplican a él.

3. Gregorio se quejará frecuentemente de la actitud injusta de otro líder hacia él, tratando de ganar apoyo de otros en el grupo a base de compasión y simpatía. Su posición de víctima se vuelve una verdadera molestia porque él aparenta ser frágil y falto de comprensión.

4. Gregorio tiene la habilidad para empezar una rebelión al señalar las áreas en las que otros del grupo no están siendo atendidos de acuerdo a su opinión (y la de ellos). El los convence de que ellos pudieran hacer un mejor trabajo que aquellos que están en el liderazgo.

5. Gregorio tiene una actitud de "No tienes derecho" a corregirlo o tratar de cambiarlo en alguna área. Gregorio es tiene un espíritu terco y no enseñable. No responde a cualquier explicación lógica, sin importar cuán bien presentada esté.

6. Gregorio tiene la habilidad para expresar miedo al líder al exagerar todas las formas de corrección.

7. Gregorio nunca aparenta estar en control de la rebelión. Siempre aparenta ser el vocero elegido y que no sabe cómo llegó ahí.

Para ilustrar mejor ambas personalidades, veamos dos rebeliones diferentes que ocurrieron en la Biblia y separemos la raíz y su expresión. Empezaremos por discutir la rebelión encabezada por una persona del Tipo A y la relacionaremos a los principios en contramos al comienzo de este capítulo.

Tome un tiempo para leer Números 16 y 17 y seguir el curso de la rebelión originada en la raíz de los celos y desconfianza del liderazgo, las cuales son a menudo raíces claves en la personalidad Tipo A. En estos capítulos usted descubrirá los pasos de la rebelión, la reacción del líder, la respuesta de Dios a la rebelión y el secreto de que una rebelión rara vez puede ser detenida una vez que esta empieza. Solamente puede tratarse y eliminarse individualmente (uno por uno).

Estos dos capítulos ejemplificarán el contagio de la rebelión una vez que es instigada. La rebelión empezó en el corazón de un hombre, se extendió a los corazones de tres más los cuales (usando los principios 2 y 3 de la personalidad Tipo A) involucraron a otros 250 cuyas debilidades, ambiciones, celos y amargura propias los conviertieron en presas fáciles de influenciar. El hecho más alarmante de la rebelión se encuentra en los versícu los 41 al 50 del capítulo 16. Una vez que la semilla es plantada en los corazones del grupo, sólo Dios puede eliminarla al tratar directamente con cada uno de los individuos, por lo que leemos que toda la congregación se levantó por la mañana y acusaron TANTO a Moisés como a Aarón de asesinato. Todo se debía a la habilidad de Satanás para invadir a una persona con el espíritu de rebelión basado en heridas, celos y desconfianza de la autoridad en el pasado.

Esta rebelión estaba encabezada por Coré, Datán y Abiram. Es un ejemplo excelente de la personalidad Tipo A o Gertrudis. En el capítulo 16 versículo 3 encontramos la raíz de la rebelión:

"Y se juntaron contra Moisés y Aarón y les dijeron: ¡Basta ya de vsosotros! Porque toda la congregación, todos ellos son santos, y en medio de ellos está Jehová; ¿por qué pues, os levantáis vosotros sobre la congregación de Jehová?"

Este versículo ilustra los primeros tres principios del comportamiento de Gertrudis. ¡No me sorprendería que la revuelta hubiera ocurrido el primer día de la semana!

En Números 16:2 encontramos a Coré confrontando descaradamente a Moisés y se llevó a otros 250 líderes con él. Cuando se trata con una personalidad del Tipo A, uno puede ver el resultado del tercer principio, ya que ellos no tienen ningún problema en manifestar su deseo de ser el líder.

En Números 16:12-14 leemos el siguiente relato:

" Y envió Moisés a llamar a Datán y Abiram, hijos de Eliab; mas ellos respondieron:

No iremos allá. ¿Es poco que nos hayas hecho venir de una tierra que destila leche y miel, para hacernos morir en el desierto, sino también te enseñorees de nosotros impe riosamente?

Ni tampoco nos has metido tú en la tierra que fluya leche y miel, ni nos has dado heredades de tier ras y viñas. ¿Sacarás los ojos de estos hombres? No subiremos".

Cuando analizamos el contenido de estos tres versícu los encontramos los elementos de los principios 2 al 6 ilustrados claramente. Lo que estaba ocurriendo es que estaban en el proceso de socavar abiertamente la posición de Moisés como líder, difamando su éxito hasta ese punto. Podemos observar cómo encaminaban la rebelión al cono cer las debili dades del grupo y lo que ayudaría para agi tarles a peleas y contiendas. Lo lograron con una sola pregunta:

"¿Es poco que nos hayas hecho venir de una tierra que destila leche y miel, para hacernos morir en el desierto...?"

Estos líderes sabían que todavía existía un anhelo por Egipto en los corazones de Israel, así que al traer a su mente los recuerdos gratos de Egipto, podrían fomentar el desagrado con las circunstancias presentes. Podemos diagnosticar la raíz del problema de Datán y Abiram como desconfianza hacia toda autoridad y el sentimiento de que todas las figuras en autoridad eran de naturaleza abusiva y controladora, las cuales son dos de las raíces de la per sonalidad Tipo A. Podemos derivar esta conclusión de la última frase del versículo 13, la cual dice:

" ...sino también te enseñorees de nosotros impe riosamente..."

y la penúltima frase en el versículo 14:

"...¿sacarás los ojos de estos hombres?"

Es fácil ver como frases tan pequeñas y sencillas, dichas POR la persona indicada A la persona correcta, encienden espíritus de rebelión, descontento y temor.

¡Qué cuadro tan claro del principio número 5! Vemos a dos personas inflexibles y arrogantes expresando sus propios temores e inseguridades, y cuando tomamos los versículos 13 y 14 completos vemos a tanto el principio 4 y al 6 en plena operación. Estos dos hombres se veían así mismos como el instrumento para el castigo de Moisés y Aarón. Habían logrado el principio 4 y podemos ver la rección de Moisés en el versículo 15:

"Entonces Moisés se enojó en gran manera, y dijo a Jehová: No mires a su ofrenda; ni aun un asno he tomado de ellos, ni a ninguno de ellos he hecho mal".

Datán y Abiram sabían que una de las áreas débiles de la personalidad de Moisés era su temor a cometer de nuevo un acto insensato al tratar de funcionar en un puesto de autoridad. (Recuerde la historia encontrada en Exodo 3:11-14) Como puede ver, estos dos rebeldes incluso usaron la misma frase descriptiva. Además atacaron su integridad y los motivos de su liderazgo. ¿No es interesante que sólo dos hombres en un momento pudieron lograr lo que todo Israel no había podido hasta ese entonces? Esta es la primera vez que no vemos a Moisés entre Dios e Israel, sino dando a Dios completa libertad para juzgar a este segmento de Israel. Dios en Su infinita sabiduría le dio a Moisés 24 horas para que se calmara, y en los versículos 20 al 24 Moisés otra vez estaba intecediendo por la nación y el juicio de Dios cayó solamente sobre los culpables.

El único método de Dios para tratar la rebeldía en el Antiguo Testamento era la muerte. ¡Alabado sea el Señor por el poder de la sangre de Jesucristo el cual nos da otra alternativa para el tratamiento de la rebeldía hoy en día! Usted pensaría que cuando la congregación vio el juicio sobrenatural de Dios, todas las futuras rebeliones serían canceladas en los corazones de los rebeldes, pero ese no fue el caso. Una vez que la semilla de rebelión ha sido sembrada en un grupo, cada individuo debe tener un encuentro sobrenatural con Dios en su corazón. (Líderes, cuidado: Cuando la murmuración empieza, no tiene usted otra alternativa mas que confrontar a cada una de las personas que han sido envueltas por el rebelde, de otra forma será usted despertado el martes por la mañana por un grupo completo de rebeldes cuya simpatía por la persona que está siendo disciplinada los ha llevado a un motín en sus corazones. ¡Cuidado!)

Leamos ahora Números 16:41:

"El día siguiente, toda la congregación de los hijos de Israel murmuró contra Moisés y Aarón, diciendo: Vosotros habéis dado muerte al pueblo de Jehová".

¿Ve lo fácil que es que un motín basado en los celos, ambición y debilidad se convierta en una rebelión del corazón, una vez que la disciplina ha sido enforzada y la simpatía de la gente ha despertado?

Vamos a dar un corto vistazo a la rebelión encabezada por una personalidad Tipo B y relacionarlo a los principios del Tipo B que se encuentran al comienzo de este capítulo. Vayamos a II de Samuel 15:1-13. Aquí Absalón poco a poco alejó de David los corazones del pueblo usando el principio 4 de la personalidad Tipo B. Absalón siempre recibió trato especial de sus superiores debido a su hermosura y su habilidad de manipular los corazones. De hecho él cometió un asesinato en venganza, lo que para él fue una acción completamente justificada.

Como vemos, él usaba el segundo principio con la misma facilidad que el cuarto, porque llegando al versículo 13 los corazones de Israel fueron efectivamente ganados por él. Sin embargo, al presentar el caso ante David, parece que Absalón había sido elegido por el pueblo sin él tuviera parte alguna.

"Y un mensajero vino a David, diciendo: El corazón de todo Israel se va tras Absalón".

Después de revisar los versículos 1-13, notará que Absalón había hecho todo lo que podía para producir sentimientos de amor o culpa a través de la compasión en los corazones de aquellos a los que ministró en la entrada. Las

La Rebelion 73

personalidades Tipo B raras veces producen sentimientos de odio o rebelión directas contra el líder, pero involucran a otros en el motín con el uso de sugerencias sutiles. Haga una pausa y absorba la verdad de la última frase del versículo 6:

"*...y así robaba Absalón el corazón de los de Israel*".

Hay ciertos aspectos que ambas personalidades, A y B tienen en común, y las describiremos como sigue:

1. Ambos grupos cuando enfrentan autoridad contin ua, responden tratando de probar cada uno de los límites determinados por el líder.
2. Ambos atribuyen motivos y beneficios negativos malos al líder en cada decisión que este toma.
3. Ambos continuarán sublebándose a raíz de cualquier asunto insignificante.
4. Ambos seguirán un camino de rebelión, a menudo porque necesitan atención nega tiva.
5. Parece que ambos son propensos a forzar disciplina abierta en su contra aunque saben que no es el momento indicado ni para el grupo, ni para el líder.
6. Un método común para expresar su rebelión es el de estar de acuerdo con el líder al principio y luego hacer lo que les da la gana cuando la situación se presenta.
7. Ambos grupos de personalidad son incapaces para ser líderes aunque esa sea su meta, porque nunca han aprendido a seguir o a relacionarse con aquellos con los que trabajan.

I de Samuel 15:22, 23 provee la declaración más clara del punto de vista de Dios contra la rebelión, al mismo tiempo dándonos una indicación de la raíz de la rebelión que encontraremos en cualquier individuo con un espíritu de rebeldía, ya sea del Tipo A o B. El versículo lee como sigue:

" *Y Samuel dijo: ¿Se complace Jehová tanto en los holocaustos y víctimas, como en que se obedezca a las palabras de Jehová? Ciertamente el obedecer es mejor que los sacrificios, y el prestar atención que la grosura de los carneros.*

Porque como pecado de adivinación es la rebelión, y como ídolos e idolatría la obstinación. Por cuanto tú desechaste la palabra de Jehová, él también te ha desechado para que no seas rey".

Dada la intensidad de este pasaje entendemos que Dios no tiene otra alternativa mas que desechar al individuo rebelde de su puesto u oficio. ¿Por qué entonces se nos hace tan difícil el quitar a un individuo rebelde de un puesto de autoridad o servicio hasta que pueda recibir ministración y sanidad, cuando encontramos el patrón claramente establecido en las Escrituras? Pareciera que Dios ve las raíces de rebeldía y obstinación en una forma que nosotros encontramos severa e inconcebible hoy en día, sin embargo, si pasamos un momento comparando los resultados de la brujería y la idolatría con aquellos de la rebeldía y la obstinación, encontramos semejanzas que asustan. Por ejemplo, las cuatro son parte del culto a otras deidades fuera del Dios viviente. La rebeldía y la obstinación son un culto a uno mismo, mientras que la brujería y la idolatría son adoración a Satanás y los demonios.

Continuamente en el Antiguo Testamento el tratamiento de Dios para la rebeldía era el mismo. En Proverbios 17:11 Salomón nos dice que un mensajero cruel sería enviado al rebelde; Isaías 1:19-20 dice que el rebelde será devorado por la espada porque Dios así lo ha dicho; Ezequiel 20:33-38 dice que Dios mismo dijo que purgaría a los rebeldes de Israel.

Qué agradecidos estamos por la victoria final que Cristo ganó a nuestro favor en el Calvario, dándonos autoridad sobre las obras del enemigo. La victoria reemplaza el juicio certero del Antiguo Testamento con libertad, esperanza y restauración. Qué palabra tan poderosa podemos ofrecer a aquellos que son impulsados y forzados a la rebeldía, ya sea por miedo, dolor, inseguridad o una realidad falsa. Podemos ministrarles liberación de las fuerzas que los impulsan a comportamientos rebeldes en contra de su voluntad.

Con esta oportunidad viene también una gran respons abilidad en cuatro áreas para los líderes en el cuerpo de Cristo:

1. Debemos estar dispuestos a ministrar liberación a todos aquellos que la necesiten.
2. Debemos estar dispuestos a aprender todo lo que podamos acerca de este ministerio, así como tam bién a cómo ministrar sanidad en esas áreas que abren la puerta al ene migo en primer lugar.
3. Debemos estar dispuestos a aprender cómo hacer las preguntas correctas y discernir las necesidades de oración basadas en esas respuestas.
4. Debemos estar dispuestos a observar el compor tamiento de la gente en necesidad de ayuda sin entrar en pleitos ni contiendas y sin permitir que nuestras emociones nos involucren en el conflicto (Esta es la tarea más difícil).

Cuando tratamos con una personalidad Tipo A usted debe hacer preguntas que revelarán la persona (o per sonas) responsable que ha causado a través de los años que el individuo desconfíe y tenga temor de toda autoridad. Además tiene que hacer preguntas que revelarán los suce sos que han causado dolor y permitido el espíritu de rebeldía el acceso a la mente, la voluntad y las emociones de la persona. Cuando la persona empie za a revelar esas fuentes de dolor en su vida, usted debe desarrollar la habil idad para per mitir que el Espíritu Santo desenmascare esos otros espíritus que acompañan al espíritu de rebeldía. No es suficiente cuando se ministra a una personalidad Tipo A, el quebrantar los espíritus de rebeldía, odio, pleito y contienda, si no se desenmascaran (y se libera a la per sona de ellos) otros espíritus acompañantes le será imposible a la persona caminar en la libertad que Jesu cristo trae.

Al encontrar a la persona responsable de dichas situa ciones, usted debe atar el espíritu y poder de esa persona sobre el individuo que está recibiendo minstración, citan do el nombre del culpable (Daremos en ejemplo de esto junto con el estudio de una personalidad Tipo A al final de esta sección). El siguiente paso es romper el espíritu y poder de las descripciones negativas del individuo que el culpable emitió. En una personalidad Tipo A probablemente necesitará deshacerse de un espíritu herido y lastimado, así como de espíritus de desconfianza, sospecha, temor, resentimiento, inseguridad e inferioridad. Como la Palabra ya nos ha informado que la rebeldía es como el pecado de hechicería y la obstinación como la idolatría, debemos liberar al individuo de espíritus de brujería, idolatría y culto falso, así como otros que el Espíritu Santo revele en ese momento.

Al tratar con una personalidad Tipo B, debe observar si la rebeldía viene del nunca ser enseñados a someterse a una autoridad o no. Quizá sus figuras de autoridad tenían problemas con autoridad y por lo tanto tuvieron miedo de aplicar cualquier tipo de disciplina o restricción, o creyeron que la disciplina y la restricción limitarían la creatividad del niño. Otras causas de esta personalidad podrían ser que esta persona era especial en talento o habilidad, o tenía algún impedimento o tal vez alguna enfermedad grave. Una vez que usted haya discernido cuál de estas es la fuente, debe hacer preguntas que revelen cuáles espíritus acompañan al espíritu de rebeldía. Tal vez encuentre espíritus de orgullo, arrogancia o superioridad. En otros casos tal vez sea un espíritu de anarquía e incluso pudiera ser a raíz de una necesidad de castigar a otros. Nunca olvide que cuando esté tratando con la persona es necesario eliminar los espíritus de hechicería e idolatría así como cualquier otro que el Espíritu Santo revele.

Ya que hemos considerado dos tipos de maneras en que las personalidades rebeldes pueden formarse por las experiencias en sus vidas, veamos las causas espirituales que pueden producir los mismos resultados. Tenga presente que estas experiencias no siempre acaban por deteriorar hasta llegar a ser raíz de una personalidad rebelde, sin embargo cuando la persona continúa en estas áreas de pecado eso puede suceder finalmente.

A. Involucrarse directamente en ocultismo o recibir ayuda, infomación, dirección o alivio durante tiem pos dificiles de alguien que esté involucrado directamente en el ocultismo.
B. Participación en cualquier forma de culto falso (sectas).
C. Involucrarse en áreas que violan la ley de Dios o de pecado premeditado.
D. Decisiones hechas en contra de la conocida dirección de Dios en áreas de 1) empleo 2) relaciones 3)valores 4) oponerse a usar los dones espirituales dados por Dios 5) decisiones que retan cualquier dirección que Dios ha dado a un líder.
E. Rebelión en contra de aquellos en autoridad espiritual sin causa justa, moral o espiritual.

En el proceso de considerar los efectos de involu cramiento en el ocultismo, debemos darnos cuenta de que fuimos hechos por nuestro Creador en una manera tan compleja que si permitimos que la enfermedad o infección espiritual tome control de nuestro hombre espiritual, cada aspecto de nuestra personalidad pronto será afectado. Aún nuestras reacciones ante situaciones y gente empiezan a ser afectadas. ¿Se ha dado cuenta alguna vez que la gente que está peleando en contra de Dios es irritable y tienden a pelearse con todos y contra todo? Nada parece agradar les y uno no puede hacer nada correctamente, incluso estar fuera de su camino.

Algunas personas expresan su intranquilidad interior peleando toda decisión que hacen aquellos que están a su alrededor. Uno se convierte en su blanco sólo por estar cerca. Si uno comete el "pecado imperdonable" de estar en paz con Dios o de compartir algo que Dios le ha mostrado o hecho por uno, ¡no hay refugio que sea lo suficientemente seguro para manternerlo a una distancia segura de su lengua! La rebeldía en contra de Dios transforma a indi viduos que normalmente son cooperativos y serviciales en personas contenciosas y rebeldes. Esto es cierto especial mente si la rebeldía incluye además la práctica del ocultismo, por eso las razones del por qué la rebeldía es considerada por Dios como un pecado grave y destructivo. La rebeldía que incluye prácticas ocultas da poderes manipuladores y controladores a aquellos que están involucrados en su práctica. Este tipo de rebeldía tiene poder para envenenar el espíritu, el alma y el cuerpo, incluso hasta producir la muerte. Esto se entiende mejor cuando consideramos el hecho de que el peca do entró por primera vez por medio de la rebelión de Satanás.

En Isaías 14:12-19 y en Ezequiel 28:12-19 Dios jaló la cortina del tiempo y mostró el motín del arcángel Lucifer. La respuesta de Dios no sólo fue el juicio instantáneo, sino también Su juicio final. Dios tiene un plan para Satanás y aquellos que se han aliado y se aliarán a él. En I de Samuel 15:23, Samuel estaba explicándole al rey Saúl por qué el jucio de Dios en su contra sería tan severo y nos dio la ver dad de que la hechicería da a luz rebeldía, la rebeldía da a luz obstinación y la obstinación da a luz idolatría. Por lo tanto debemos saber que no hay NINGUNA adivinación inofensiva, NINGUNA magia blanca y NINGUN horóscopo inocente. Satanás trata de llevar a cabo las mismas cosas hoy en día que hizo desde el principio; él quiere controlar la mente, la voluntad y las emociones del hombre, la creación especial de Dios, así como manipular el culto y las respuestas del hombre hacia su Padre.

Considerando el efecto del culto falso, como en el inciso B, veamos Exodo 32. El pueblo se desesperó y tuvo miedo de la demora que Dios trajo a sus vidas, así que decidieron que era lo mejor para ellos reemplazar a Jehová con otro dios. (¿Es posible que nosotros, así como ellos, no con fiemos en Dios? Cuando las demoras y las difi cultades vienen, ¿buscamos un dios alternativo que quizás opere en la forma que NOSOTROS demandamos?) No solamente hubo rebeldía como resultado, sino que en el versículo 6 leemos:

"Y al día siguiente madrugaron, y ofrecieron holo caustos, y presentaron ofrendas de paz; y se sentó el pueblo a comer y a beber, y se levantó a regocijarse".

En el versículo 25 del mismo capítulo se revela que el pueblo estaba en un estado de embriaguez y culto falso al desnudo. ¿No se le hace interesante que el mismo estado estaba presente en el Jardín del Edén cuando Adán y Eva escogieron adorarse a sí mis mos en lugar de a su Creador? La rebeldía que da a luz culto falso, da a luz las civia e injusticia.

Al continuar los eventos, Dios le dijo a Moisés en los versículos 7-10 la forma en que El veía los resultados:

1. Dios ya no los llamaba Su pueblo, sino el pueblo de Moisés.
2. Dios los vio corrompidos.
3. Dios sintió que ellos se habían vuelto de Su camino rápidamente y completamente.
4. Dios vio que ellos daban el crédito a Satanás por Su propia acción.
5. Dios dijo que eran pueblo de dura cerviz. (Recuerde la palabras de Samuel a Saúl: "La rebeldía es como el pecado de adivinación")

Dios tenía una cura en mente: "¡Permíteme matarlos y empezar de nuevo contigo, Moisés!" El juicio de Dios por el pecado era que la tribu de Leví tenía la sangrienta tarea de matar a 3,000 hombres que no se arrepintieron. En el ver sículo 35 leemos: *"Y Jehová hirió al pueblo, porque habían hecho el becerro que formó Aarón"*.

El ejemplo más obvio del inciso C se encuentra en la vida del rey David. En II Samuel 11 encontramos a David en su casa en lugar de estar en la batalla, como conse cuencia, no podía dormir y se levantó, miró por la ventana y vio a una mujer hermosa bañándose, se enteró que esta ba casada y aunque conocía la ley de Dios cometió adulte rio de todas formas; ella quedó embarazada como resul tado. Ya que él se rehusó a confesar su pecado, se vio forzado a cometer un tercer pecado para encubrir los primeros dos. Cuando Dios no permitió que su pecado fuera encubierto, David, todavía sin querer que su pecado quedara al descubierto, hizo que Joab arreglara la muerte de Urías. Lamentablemente, la rebelión en contra de las leyes de Dios siempre se expande y a menudo afecta a todavía más personas. En I de Corintios 5:6 Pablo dijo: "*¿No sabéis que un poco de levadura leuda toda la masa?*"

Analicemos la rebelión de David. La lujuria dio a la luz a la codicia, la codicia al adulterio, el adulterio a la mentira y la mentira al homicidio. Como resultado final cuatro personas fueron afectadas a tal extremo que el curso de sus vidas cambió para siempre. En II de Samuel 12:10-14 encontramos los siguientes juicios:

...la espada nunca se apartaría de la casa de David.

...las esposas de David serían tomadas por otro hombre frente a sus propios ojos y el hombre se acostaría con ellas en plena luz del día.

(La segunda fue cumplida por su propio hijo Absalón cuando se rebeló en contra de David y tomó control del gobierno. Se acostó con las esposas de David en el tejado del palacio.)

La ley de Dios no puede ser violada ni sus ramificaciones alteradas. El pecado del padre se encontraba en el hijo y la promesa del libro de Lucas de que el pecado cometido a escondidas sería expuesto en público, se cumplió. Dios declaró que el hijo que habían concebido en pecado moriría.

Las rebeliones nombradas en el inciso D son lo suficientemente numerosas y específicas para que usted pueda referirse a sus propias experiencias. Estas son áreas que afectan la vida y elecciones diarias. Cabe repetir que Dios SIEMPRE le traerá a Sí mismo en la manera más fácil que usted vendrá. Nuestro Dios tiene el hábito de sacarnos de lo que sentimos es nuestra zona de seguridad y comodidad y Le encanta poner en duda su teología cuando no concuerda con la Suya.

Capítulo VII
ADICCIONES Y COMPULSIONES

Los pastores y líderes tal vez sientan un gran deseo desaltar este capítulo ya que sus elementos tal vez suenen espantosos, como el verse en un espejo del baño o en un monitor de televisión de las juntas de concilio o comité. Vamos a ver tanto la personalidad adicta como la per son alidad compulsiva. Las personalidades compulsivas son, por lo general, gente que cuando se acaban de unir a una iglesia o grupo, causan mucha emoción y conmosión. Los líderes sienten que Dios les ha mandado una mina de oro, pero pronto se dan cuenta que lo que tienen más bien es un tren sin frenos. Los problemas empiezan cuando uno se da cuenta que esta personalidad tiene un apetito insaciable por el trabajo. Logros, perfección, ideas, programas y crecimiento nuevo los consume constantemente excluyéndolos de todo lo demás. Por ejemplo, estas son las personas que le llaman con una idea mejor que la suya por lo menos una vez al día y no aceptan que no todo se puede hacer, "Sólo toma un momento". Si usted es el "líder" y tiene alguno de estos problemas usted mismo, el resultado son estragos. Una de las siguientes situaciones aparece:

A. Cada uno de los miembros del comité renuncia.
B. Se frustran tanto que sienten que no pueden cumplir con las expectativas y como resultado se sienten.
C. Usted y el super tren terminan por hacer todo, produciendo una iglesia (o grupo) de espectadores.

Esto no es nada saludable para el grupo porque crea un vacío en el liderazgo y terminará en la falta de balance y fracaso del grupo con cualquier crecimiento nuevo. Tam bién produce trabajo excesivo para aquellas personali dades compulsivas, las cuales acaban por agotarse o con un complejo de Mesías. Empiezan a sentir que si no hacen ellos mismos todo el trabajo, no se harán las cosas o no se harán correctamente, creando un sentido falso de que todo se caerá sin ellos.

Mientras tratamos de ayudar a reconocer ya sea la per sonalidad adicta o la compulsiva, por favor tenga en mente que no todos tendrán cada una de las características delin eadas en este capítulo. La ausencia de algunas caracterís ticas no significa que la persona no es ni adicta ni com pulsiva, tan sólo quiere decir que su personalidad no ha avanzado tanto en el problema como pudiera hacerlo. La ausencia de algunos de los síntomas no elimina la necesi dad de ministración de la persona, ni tampoco aminora su necesidad para ser ministrada pronto.

La personalidad adicta y la compulsiva comparten muchas raíces que las causan y aquellas que no son com partidas están relacionadas estrechamente. Por lo tanto, una vez que son examinadas de cerca, no es confuso que un niño en una familia se convierta en compulsivo y el otro en adicto. Para tener un mejor entendimiento llamaremos a la personalidad compulsiva Juanita y a la adicta Juan. Empezaremos con la compulsiva.

Empezaremos considerando las características de la personalidad de Juanita, las cuales son consideradas pos itivas por la sociedad. Después examinaremos esas carac terísticas y algunos de los problemas que pueden aparecer y aparecen a causa de ellas. Juanita tiene la tendencia a una o más de las siguientes:

A. Adicción al trabajo.
B. Perfeccionismo.
C. Limpieza compulsiva.
D. Orden excesivo.
E. Puntualidad.

F. Disciplina extrema.
G. Preocupación por la apariencia personal.
H. Aspiraciones de sobresalir y de logro.
I. Aspiraciones para desarrollar maneras nuevas y diferentes de hacer las cosas.
J. Demasiados compromisos con causas y grupos.

Ahora que hemos presentado un bosquejo de los sín tomas más comunes de la personalidad de Juanita, regresemos y analicemos los derivados que se encuentran en cada categoría.

A. Adicción al trabajo.

Del patrón a la adicción al trabajo viene la necesidad de cada vez más éxito y de obtener niveles más altos de conocimiento en varias materias. Esto se puede apreciar cuando Juanita, sin importar que tema se está discutien do, lo ha estudiado y tiene la necesidad de compartir con tigo cada pieza de información que ha aprendido. (Puede dar lugar a confusión porque esto también es síntoma de el hablador compulsivo, el cual veremos más adelante.) Por ser adicta al trabajo, Juanita siente la necesidad de pro ducir esta semana un volumen más alto que la semana pasada. Tiene una gran dificultad para sentarse sin hacer nada y encuentra muy dificil el tomar un día libre o tener un período en que no esté haciendo algo productivo. Cuan do se le pregunta, Juanita puede explicar que se siente tan culpable o piensa que el no hacer nada es una pérdida de tiempo. Si es honesta, admitirá que el sentarse sin hacer nada la hace sentirse fuera de sí o que le dan ganas de gri tar. Estas son las personas a las que uno se refiere como "No divertidas" o "No saben cómo jugar".

B. Perfeccionismo.

De las características del perfeccionista se observan las siguientes expresiones:

1. Siente que cualquier error de su parte disminuye la persona que es.

2. No puede permitir errores en cualquiera que tra baja con ella, ya que esto se refleja en su propio valor personal.

Ella siente que el error de otro la hace menos como per sona, ya que para ser una per sona normal o respetada uno debe ser perfecto. Ella llega a un punto donde siente que debe hacer todo ella misma para evitar problemas, esto parece venir del temor de que si las cosas no son per fectas la gente no la amará o respetará. Algunas veces Juanita tiene pensamientos inquietantes de que debe com pensar lo que seriamente falta en su interior.

Ella siente a menudo que para ella no es pasable lo que es para otros, lo cual la deja frus trada y confundida.

C. Limpieza compulsiva.

Relacionado estrechamente al perfeccionismo y general mente una expresión de la

misma característica es la limpieza compulsiva. Esto se muestra cuando Juanita limpia repetidamente la misma área aún cuando no hay necesidad. Llegará al punto en que Juanita esté vaciando y limpiando los ceniceros mien tras se están usando.

D. Orden excesivo.

El individuo que es excesivamente ordenado sobrepasa al que limpia compulsivamente en que esta característica no sólo trata con la limpieza de su ambiente, sino con el orden de su área de trabajo mientras está trabajando y la apariencia de todo lo que presenta o hace. La oficina de Juanita está perfectamente arreglada y los libros en el librero incluso están ordenados por tamaño. Ella tienen dificultad para trabajar con aquellos que no mantengan su norma de orden.

E. Puntualidad Compulsiva.

Cuando Juanita se convierte compulsivamente puntual está controlada por el reloj. La espontaneidad se hace imposible sin causar una reacción nerviosa en ella. Tendrá dificultad ante las emergencias o cambios inesperados de planes, porque le parecerán sin importancia o de natu raleza distinta a lo que ya se tenía planeado.

F. Disciplina excesiva.

El individuo altamente disciplinado es muy parecido al anterior, con la diferencia de que Juanita encuentra su seguridad en la monotonía de sus planes.

G. Preocupación con su apariencia personal.

Cuando Juanita se siente obligada a ser perfecta en su apariencia (por ejemplo con ejercicio, maquillaje, selección de colores, cabello, etc.) puede llegar al punto de no per mitir que nadie la vea hasta que todo esté de acuerdo a su nivel de perfección. Todo su tiempo libre se la pasa mejo rando y manteniendo su apariencia. En esta etapa un miedo controlante de envejecer se apodera de ella.

Las siguientes dos categorías están tan relacionadas estrechamente que las examinare mos juntas.

H. Aspiración por salir adelante y por logros.

I. Aspiración para desarrollar formas nuevas y diferentes de hacer las cosas.

Cuando la urgencia de triunfar o de tener logros empieza a consumir la manera de pensar de Juanita, dec imos que es una individuo altamente motivado. Por lo gen eral no hay problema con esto, hasta que todo y todos se vuelven desechables para llegar a su meta. La otra salida para esta característica es el constantemente encontrar y desarrollar pasatiempos nuevos. Este hábito parece llenar la necesidad de mejoramiento personal así como la necesi dad urgente del conocimiento y paticipación de cosas nuevas. Esta personalidad tiende a aburrirse pronto y por lo tanto necesita victorias nuevas para combatir la baja auto estima.

J. Demasiados compromisos con causas y grupos.

La intensidad de los compromisos de Juanita con cada causa y grupo nuevo sólo pueden ser comparados a la dedicación de Don Quijote y la fuerza de un torbellino. Todas sus tendencias de adicción al trabajo salen aflote, su tendencia mesíanica toma control y ella sola está lista para cambiar al mundo. Su vida entera está tan sumergida en cada nueva empresa, que todo lo demás sufre las consecuencias. Quiere cambiar como se hace todo si ella encuentra una mejor manera de llegar a la meta. Su propia identidad se pierde en la causa o el grupo. Tomará tanto trabajo como se le de, al principio con el cariño de todos, pero poco a poco será resentida más y más por aquellos que llevan más tiempo involucrados que ella. Si asume el liderazgo del grupo o causa, no podrá sino demandar cada vez más de los demás sin entender sus limitaciones.

Las características negativas de la personalidad compulsiva no siempre son descritas como de naturaleza compulsiva, así que a menudo se les mezcla con las adicciones. Echemos un buen vistazo a algunas que parecen encajar con la raíz compulsiva:

1. El hablador compulsivo.
2. El comprador compulsivo.
3. El ahorrador compulsivo.
4. El glotón compulsivo.

A. El hablador compulsivo.

Estas personas hablan porque necesitan un mecanismo de defensa. Ellos sienten que si permiten que alguien se les acerque demasiado, su verdadera personalidad saldrá aflote como una persona desgradable. Tomando la palabra y dominando la conversación los mantiene en control y los ayuda mantener una distancia segura de los demás.

B. El comprador compulsivo.

Estas personas salen de compras frecuentemente ya que son impulsadas por alguna de las siguientes razones:
1. Para mejorar su imagen.
2. Para satisfacer algún aspecto de sí mismos que los aburre rápidamente.
3. Para probar que son buenos con el dinero y que saben obtener buenos precios.
4. Para satisfacer su necesidad de posición y seguridad.
5. Por miedo a tener carencias.
6. Como una forma de escape.
7. Para obtener gratificación eufórica.

Los compradores compulsivos generalmente necesitan ir al centro comercial con frecuencia, pasando horas viendo, sintiendo íntimamente y observando cada artículo. Terminan por comprar cosas que no necesitan o que ya tienen en abundancia. Si uno pudiera invadir sus closets y gabinetes encontraríamos ropa que todadavía tiene las etiquetas. Encontraríamos zapatos casi sin usar (si es que se han usado) y otros artícu los en abundancia que nunca han sido usados y probablemente todavía están en su paquete original. Algunas de las personas en esta categoría tienen la necesidad de comprar una multitud de aparatos que ahorran trabajo y/o las nuevas formas de entretenimiento. Muchas de estas cosas jamás son usadas más de una vez o dos y son compradas tan sólo porque están disponibles en el mercado.

C. El ahorrador compulsivo.

Los ahorradores compulsivos son gente que tiene miedo de tirar cualquier cosa en caso de que la fueran a necesitar más adelante y tuviera que ser comprada de nuevo. En caso de hacerlo se sentirían imprudentes. Son incapaces de deshacerse de cosas porque esto los separaría de su pasado y amenazaría su valor e identidad en el presente.

D. El glotón compulsivo.

Los glotones compulsivos son aquellos que comen para aliviar la presión, frustración, temor, soledad, ansiedad, rechazo o fracaso. También comen para celebrar la felicidad, éxito, una relación nueva, un evento especial o para proveer seguridad y bienestar. NOTA: ¡Estas son las mismas características que causan el uso de substancias adictivas!

Ya que las causas de la personalidad compulsiva y la adicta son generalmente las mismas, las diferencias parecen ser la expresión que emplean para mostrar y obtener alivio de las fuerzas impulsivas en su interior. En una familia de dos o más hijos algunos pueden ser compulsivos y otros adictos, pero ninguno de ellos estará libre de fuerzas de empuje hasta cierto grado.

Una de las tiras cómicas más famosas de hoy en día ha hecho a su personaje principal una caricatura divertida de una personalidad adicta y compulsiva. Es un gato muy querido, ya que su creador ha tomado esas características que están enterradas dentro de uno, las ha desarrollado y nos ha hecho reírnos de nosotros mismos. Uno puede aprender mucho de sus frustraciones de al no poder controlar su comportamiento, sus reacciones o su ambiente.

Una personalidad adicta se involucra fácilmente que cualquier actividad que produce:

1. Euforia o períodos de vida anestesiada, donde el dolor emocional del pasado o presente no se siente.
2. Períodos de libertad de la tensión o dolor mental.
3. Libertad de la realidad.

Las substancias adictivas repetidamente satisfacen uno o más de los sentidos mientras alteran el concepto de la realidad del individuo. Las substancias adictivas más comu- nes son las siguientes: el alcohol, las drogas, la nicotina, la cafeína, algunos alimentos (especialmente los que tienen altos contenidos de azúcar) y el chocolate (lo hemos separado de los alimentos dulces ya que la adicción parece estar ligada a el químico del cacao y no al azúcar). La última es esta categoría es la adrenalina, la cual hemos separado de las otras substancias porque no es consumida sino producida por el individuo. La gente en esta categoría son adictos a las crisis y tienen tendencia a producir crisis porque sus sis temas demandan ciertas dosis de adrenalina. La adrenalina no sólo se produce en las crisis sino también en época de mucho trabajo y fechas límite. Es posible clasificar a una persona como adicto al trabajo cuando es en verdad adicto a la adrenalina.

Se puede observar de la descripción anterior que la mayoría de las adicciones satisfa cen una necesidad secundaria de gratificación oral mientras que satisfacen los sentidos y alteran conceptos.

Otro aspecto de las personalidades adictas es una ten dencia a usar diferentes formas para escaparse de enfrentar las situaciones y demandas diarias que están por encima del nivel de lo que el adicto puede enfrentar. Los adictos también usan el escape para evitar tomar deci siones o evadir a la gente que les exijen demasiado. Cuan do la persona usa el escape como defensa, los siguientes efectos peligrosos pueden producirse:

A. La herramienta toma control de la persona y aún cuando él deseara involucrarse en la situación, se encontrará escapando automáticamente.

B. Su habilidad de percibir correctamente no sólo su ambiente, sino también a la gente a su alrededor y sus motivos, se deteriora, afectando así tanto su juicio como su habilidad de actuar.

C. La necesidad de escapar del dolor se vuelve tan grande y la necesidad de un sentimiento eufórico de bienestar se vuelve tan necesaria, que el individ uo no escatimará en gastos para satisfacer su adic ción y para escapar a cualquier forma de mundo de fantasía que pueda recrear.

Los escapes más comunes de los adictos son:

A. Las apuestas. Producen un sentimiento eufórico de bienestar, ya sea que se gane o se pierda. Es tam bién una forma adictiva de escape.

B. Vuelos de fantasía. Estos incluyen dos tipos de individuos: la persona que sueña despierta durante momentos de mucha tensión, preocupación o aburrimiento y el individuo que siempre está en escena ya sea como actor o comediante.

C. Adicto al entretenimiento. La persona que usa una forma de entretenimiento para escapar, ya sea la televisión, libros o películas. Esta persona es tan adicta a estas formas de entretenimiento que pasará su tiempo en esto sin importarle lo demás. Cuando se le pregunta, la respuesta es a menudo que él usa el entretenimiento para relajarse y sentirse bien.

D. El cuentista compulsivo. Esta persona escribe historias de ficción para obtener alivio en su propia vida.

E. El mentiroso compulsivo. (Esta es la persona que no puede separar la verdad de la ficción.) Este individuo llega a un punto en que en su mente no está mintiendo, sino que está diciendo la verdad ce acuerdo a cómo él la ve. En muchos casos podrá incluso pasar un detector de la verdad.

Hay dos formas de adicción sexual, las cuales producen tanto gratificación física así como una reacción química. La primera es la adicción a la masturbación, donde el individuo es forzado a pasar tan largos períodos de autogratificación que se vuelven tan satisfactorios que ya no existe la necesidad de un compañero sexual. Este individuo sabe cómo satisfacer sus impulsos sexuales y el deseo de dolor que se genera con la masturba ción. La masturbación es una adicción que también produce euforia, y cuando esta a-dicción continúa, el individuo no encontrará gratificación con un compañero sexual ya que este no podrá satisfacer sus necesidades sexuales.

La segunda forma de adicción sexual es cuando el individuo requiere una muy alta frecuencia de actividad sexual. Tal vez requiera o no un compañero distinto en cada oca sión, pero si tiene una gran necesidad de variedad, tanto de compañeros como de posicio nes. A menudo estas personas necesitan gratificación con el uso de aparatos sexuales y sus deseos se intensifican con la estimulación oral y/o visual.

Ahora consideremos otra forma de adicción, el sueño. Hay gente que es adicta al sueño, no sólo como escape, sino como una forma adictiva que produce un falso senti do de bienestar. Esta es la persona que se duerme fácil mente en momentos de tensión, lo cual fascina a aquellos a su alrededor. Algunos lo clasifican como perezoso o inca paz de entender la gravedad de las situaciones en su ambi ente, pero ninguna de estas dos clasifi caciones es correcta. Es simplemente que cuando la persona experi menta cada vez más tensión, su manera de enfrentarla es retirándose a un estado que él percibe seguro, esperando que cuando despierte todo estará bien. Por lo tanto, el dormir tiene en él los mis mos efectos que las drogas y el alcohol tienen en otros.

La personalidad compulsiva y/o adicta ha sido la fuente de debate en los círculos profesionales por muchos años. El debate se ha centrado en si estas personalidades son aprendidas, creadas o heredadas. Los profesionales que sugieren que son heredadas han recibido aliento. La infor mación científica que ha sido revelada después de hacer pruebas con núcleos familiares, muestra que se encontró un patrón en los miembros de esas familias cuyos miem bros tienen personalidades adictas. Aún aquellos miem bros de la familia que no habían nunca probado una sub stancia adictiva tenían patrones idénticos a los miem bros de la familia que eran adictos. Sin un entendimiento del material presenta do en los capítulos de este libro acer ca de la iniquidad, esta sería la información científica más alarmante que se haya descubierto en los últimos 20 años. Esto abriría la puerta a muchos debates controver siales acerca de los métodos de eliminación de dichas influen cias en nuestra sociedad para mejorar la raza. Sin embar go, gracias a la verdad bíblica referente a la iniquidad pasada hasta la tercera y cuarta generación, es la eviden cia más alentadora que se haya descubierto hasta la fecha que apoya el hecho de que Dios ama al hombre tanto que El proveyó un camino a la libertad de esas cosas heredadas.

Una personalidad adicta-compulsiva es una de las personalidades más comunes que se observa en los linajes familiares de generación en generación. ¿Cuántas veces ha usted pensado: "Siempre ha habido un alcóholico o un comedor compulsivo en esa familia" o "Es tan adicto al trabajo como su padre"? Es por eso que ha habido tanto debate sobre si las personalidades son heredadas o aprendidas del ambiente. La información parece indicar que si uno o ambos padres son adictos a una substancia o tienen un problema compulsivo, TODOS los hijos pelearán contra la tendencia a compulsiones positivas o negativas o batallarán con adicciones a una substancia o actividad. El razonamiento básico detrás de esta declaración ha sido que los niños aprenden por medio de la observación o que son moldeados a través del reenforzamiento positivo de los padres de cierta característica. Sin embargo, la Biblia declara que la verdad se encuentra encerrada en la iniquidad.

La personalidad adicta-compulsiva parece estar acompañada de un complejo de inferioridad intenso, temor al rechazo y un gran sentimiento de no ser aceptable. Algunos profesionales han incluso sugerido que parte de la formacióm motivacional de las personalidades adicta y compulsiva es su sentir de que no son amados por sus propios méritos y por lo tanto deben de compensarlo. Cuando se dan cuenta que la norma que ellos percebían para ser amados les resulta inalcanzable, su nivel de frustración y descon suelo aumenta, y por sus sentimientos desesperados de inabilidad para enfrentar la vida, se vuelven adictos a algo o se vuelven compulsivos como si trataran de desarrollar una defensa más competente para mantener a la gente a una distancia segura.

Esta personalidad generalmente tiene un área extra de frustración y temor, esto se debe a sus sentimientos de que nunca saldrán adelante o vencerán su reputación familiar si es una negativa o que ellos no se pueden comparar si es una compulsión positiva. La mayo ría de estas personas han estado en alguna de las siguientes situaciones durante los períodos formativos de su desarrollo o durante tiem pos de vulnerabilidad extrema, cuando sus personalidades eran lo suficientemente frágiles como para ser alteradas:

1. Sus autoridades fijaron normas muy altas de alcanzar.
2. Se les hizo sentir responsables de la vida de otras personas a muy corta edad.
3. Se les ha enseñado a temer ser clasificado un perdedor.
4. Se les repitió constantemente que eran malos, flo jos o tontos.

Los hijos de un padre adicto generalmente reciben un doble mensaje. Se les enseña a superarse hasta que excedan el potencial de los padres o los padres se sienten amenazados ante esa posibilidad. El padre entonces se vuelve en contra del niño y abusa de él psico lógicamente por los mismos éxitos que logró ante la insistencia de su padre. Esto crea una naturaleza ambivalente lo cual trae confusión o ira al niño y a este punto, dependiendo del tem peramento del niño, este se volverá un individuo compul sivo siempre tratando de probar su mérito o un individuo adicto tratando de olvidar el dolor y la frustración de su mente. Otro método del padre adicto es el de detener el éxito de su hijo al acusarlo de arrogante. En este caso el padre o autoridad hace lo posible para recordarle al hijo la reputación de su familia en la comunidad.

La vergüenza y la culpa son los siguientes elementos que parecen moldear a los hijos de padres adictos. Estas dos características son inherentes a la personalidad adic ta, ya que parece que a los hijos de padres adictos se les hace sentir que el comportamiento de sus padres es refle jado en la naturaleza básica de los hijos. La mayoría de la gente los hace sentir que sólo es cuestión de tiempo hasta que su comportamiento sea como el de sus padres; esta acitud, por consiguiente, hace que los hijos sientan que nacieron malos por naturaleza o inaceptables en la sociedad. Han pasado los años tratando de compensar por sus sentimientos de vergüenza, culpa, falta de dignidad y maldad. Cuando esos esfuerzos no funcionan, se vuelven adictos a una substancia o actividad que les ayude a olvidar o que acte como anestesia para bloquear el dolor emocional.

El tercer elemento fuerte en la formación de la personalidad del hijo de un adicto es el temor a la confrontación, a la violencia y a la crítica. Esto produce un adulto no enseñable que siente que toda forma de corrección o instrucción es control, manipulación o ser comsumido por una persona en autoridad. Este niño se vuelve tan temeroso al fracaso que encontrará escape en una substancia o actividad, la cual será la única forma de manejar el dolor continuo que él siente. La mayoría de ellos sparecen sentir que la dureza y el esfuerzo de la vida nunca pueden ser aliviados sin alguna herramienta o anestesia.

El cuarto elemento que puede moldear la personalidad del hijo de un adicto es una negación forzosa y una fantasia compleja elaborada para proteger a su padre y como resultado, este niño tiene tremendas dificultades para separar la realidad de la fantasía. El crece en un sistema de negación muy complejo, lo cual produce una tendencia a la paranoia y si la historia detallada de la familia no está registrada, una persona que se encuentra profundamente en esta reacción puede ser confundida con alguien que sufre de una típica personalidad paranoica. A veces se le enseña a este niño, en el proceso de la negación protectora por parte del padre no adicto, que la adicción del otro padre es a causa del comportamiento o personalidad del niño. Para cuando este se convierte en un adulto, se ha producido en él el temor de que él es tan mala persona de que jamás puede admitir cualquier error o fracaso por más insignificante que sea.

Los hijos de padres compulsivos son alentados a lograr y salir adelante, pero cuando ese logro se convierte en la única cosa que les preocupa a los hijos, los padres entonces cambian de parecer y los animan a tener una vida más balanceada (deportes, social, música) Muchas veces esto produce niños que son tan compulsivos en el juego como en el trabajo y otras actividades.

Para el hijo de un padre compulsivo, la vergüenza y la culpa que forman su personalidad nacen del hecho de que ellos sienten que jamás lograrán el nivel de perfección o el éxito que sus padres le han puesto como meta, por eso ellos sienten que nacieron defec- tousos o débiles por herencia y han de pasar cada vez más tiempo compensan do en una área u otra. El otro aspecto que puede crear culpa, vergüenza e inutilidad es cuando el niño siente que por su culpa el padre tuvo que estar ausente de la casa tan seguido.

También, los hijos de padres compulsivos son moldea dos por una necesidad de negación o mundo de fantasía por las normas impuestas fuera de su capacidad de alcance, por lo tanto, ellos están forzados a negar e imagi nar su nivel de fracaso y/o éxito. Como adultos, estos niños tal vez caigan en el complejo de mesías, el cual forza a los otros a su alrededor a depender de ellos y en cada proyecto a demandar sus instrucciones explícitas y aten ción.

Los hijos de padres compulsivos son criados con un temor constante a no salir adelante, de no ser lo suficien temente buenos y de siempre causar desilusión o vergüen za a los padres. Se convierten en adultos que están oblig ados a sobresalir o superarse y para entonces se convierten en estudiantes compulsivos, ya que sienten que siempre deben tener algo que decir sobre cada tema para poder ser aceptados. Tienen dificultad para aceptar crítica o instrucción porque se sienten amenazados así como los hijos de padres adictos ya que esto abre sus heridas de inferioridad y rechazo constantes.

Por lo tanto, cuando se ministra a una personalidad adicta o compulsiva algunas necesidades serán las mis mas. Asegúrece de romper el espíritu y poder de los padres. Es imposible dar una lista precisa de los espíritus que están presentes o un método exigente para ministrar, pero una vez que el linaje familiar es quebrantado, hay algunas sugerencias posibles.

A. Rechazo.
B. Miedo.
C. Indigno.
D. Vergüenza.
E. Culpa.
F. Inferioridad.
G. Maldad.
H. Ira, enojo, odio.
I. Adicción (Asegúrece de dirigirse a las que están involucradas).
J. Dependencia.
K. Compulsión.
L. Heridas.
M. Realidad falsa, mundo de fantasía, negación.
N. Fracaso y miedo a fracasar.
O. Falso concepto de sí mismo.

A este punto los individuos necesitan mucha sanidad interior y un gran cambio en la manera en que se ven y se entienden ellos mismos. Sería una buena idea orar con ellos para que Dios no sólo sane sus recuerdos y emociones, sino también su concepto de sí mismos.

Siempre es una verdad para el nuevo creyente liberado que necesita de una familia espiritual que lo ayude y lo cuide por una temporada. Los patrones de pensamiento se convierten en hábitos también y aunque las fuerzas malvadas se han ido, se toma tiempo para romper un hábito. Sugerimos mucho cuidado tierno y tal vez un grupo de ayudantes que se encarga de fortalecer a otros.

Capítulo VIII

INTRODUCCION A LAS VICTIMAS Y EL AGRESOR

En los próximos capítulos vamos a tratar con serios problemas que parecen estar emergiendo en nuestra sociedad en todos los niveles y sectores como nunca antes, nos referimos al abuso. No parece ser lógico que es simplemente el hecho de que el abuso esté siendo denunciado más que antes debido a una mejor educación y entendimiento de la gente y la disponibilidad de más recursos para ayudar. Sin embargo, si parece que mientras la sociedad y la familia malfuncionan cada vez más, el carácter moral de nuestros hogares está decayendo y el problema se está expandiendo. En estos próximos capítulos trataremos de discutir los aspectos del abuso infantil, psicológico, físico, sexual y doméstico. Después daremos un vistazo al abusador y lo que lo llevó a llegar al punto del mal uso de la libertad para abusar de otro ser humano.

Nuestra meta es hacer que usted, como líder, esté al tanto de aquellos en su grupo o iglesia los cuales necesitan de su ayuda y su ministerio. Necesitará poder reconocerlos por medio de su manera de comportarse, su actitud, su lenguaje corporal y su manera de vestir. Además, quisiéramos darle un entendimiento de sus reacciones ante ciertas situaciones al examinar sus emociones y pensamientos.

De esos individuos que experimentan abuso de una forma u otra, aquellos que son víctimas de incesto o abuso sexual es menos probable que ofrezcan información y pidan ayuda. Usted entonces se volverá más sensible al Espíritu Santo y a los síntomas de alerta. En estas formas de abuso las víctimas sienten vergüenza y sienten también que hay algo malvado en su persona, por lo cual tendrán dificultad para admitir la existencia del problema a sus pastores y consejeros. No deje que esto le impida hacer preguntas, tratan do de traer la situación a la luz para poder ministrarles. Usted debe ser muy suave, siem pre tratando de enfatizar que el problema no tiene nada que ver con su carácter ni tampo co es un reflejo en ellos o algo en su contra. DEBE hacerlos entender que su secreto se mantendrá de esa manera, pero que Jesucristo vino a la tierra para libertar a los cautivos como ellos. Usted les estará ofreciendo la esperanza que nunca han conocido.

La mayoría de las víctimas de este tipo de abuso niegan la realidad de este por muchos años si es posible, incluso hasta llegar a ser adultos, entonces su declaración será generalmente que mientras el abuso ocurría ellos estaban en tal estado de negación que "no estaban ahí" mientras el acto tomaba lugar. Cuando las víctimas crecen, el mecanismo de defensa más común que usan para proteger su propia cordura y su bienestar es la amnesia.

En la mayoría de los casos, la amnesia es tan general que no tienen recuerdos de su niñez o los recuerdos están tan distorsionados que ellos en verdad piensan que todo fue PERFECTO. Como usted podrá entender esto pone aún más presión sobre las víctimas. No pueden encontrar una explicación lógica para sus problemas, comportamiento, mie dos, reacciones y sueños, esto forzará que usted, quien los está ministrando, dependa del Espíritu Santo para recibir Su dirección y Su ayuda.

Las recompensas de recibir este ministerio para los heridos exceden cualquiera de sus expectaciones por lo que sugerimos fuertemente que usted persista en su favor. Dios le ha dado Su propio poder para traer Su verdad a estas vidas y dejarlas en libertad. Que el Señor le guíe en Su verdad mientras usted Le obedece.

Capítulo IX

EL INCESTO Y EL ABUSO SEXUAL

Ni este capítulo ni los porvenir son propuestos como tratados extensivos. Discutiremos solamente los sín tomas observados con más frecuencia, el sentir y temores que son a menudo expresados por las víctimas. Nuestra meta prin cipal es enseñar cómo se forman las diferentes personali dades, cómo reconocer los problemas y cómo ministrar a estos individuos. Por lo tanto, hemos dedicado menos espacio a describir los síntomas en sí. Más síntomas específicos serán tratados en la sección que trata de los temores.

Debe también quedar claro que los síntomas de la per sonalidad de la víctima y los síntomas de la personalidad de el niño golpeado varían. Estas variaciones pueden deberse a la severidad del abuso experimentado, la fre cuencia en que ocurrió, y la reacción y progresión del des orden. No todos los síntomas aparecen en cada caso. Existe otro fenóme no que debe tomarse en consideración: Si una mujer que no haya sido abusada sexualmente o víctima de incesto mientras crecía, es violada (por un desconocido o por su esposo) puede mostrar los mismos síntomas.

Recuerde que el efecto del abuso sexual varía con la cantidad de trauma que cada víc tima ha experimentado individualmente y la fortaleza interior de la víctima; por lo tanto, iremos de la menos a la más severamente afectada sin describir todos los efectos intermedios.

LA APARIENCIA FISICA.

Es posible describir la apariencia física de un individuo que ha experimentado alguna forma de abuso sexual como sigue:

A. Atuendo. Antes de ser severamente afectadas, su atuendo era completamente diferente al que escogerán en la etapa severa. En las etapas tempranas estas víctimas sólo quieren reducir la cantidad de atención que reciben. Su atuendo puede ser mejor descrito como no llamativo, evitando colores fuertes o chillones. La ropa nunca será extravagante, sino más bien a la medida y un poco pasada de moda. Nunca se identificarán con cierto estilo de vestir y jamás dictarán una moda entre sus amigos o compañeros.

Cuando los síntomas progresan, empiezan a usar ropa que no les favorece, no les queda bien y probablemente esté arrugada, siempre tratando de esconder la forma de su cuerpo tanto como les sea posible. Su ropa tal vez refleje una actitud de pobreza, aún cuando eso este lejos de la verdad. A este punto su nivel de tensión interna, consciente o inconscientemente, ha llegado a un extremo que no tienen fuerza para mantener una expresión neutral. La mayoría de su energía emocional es consumida en mantener las reacciones emocionales y comportamiento balanceados. Su atuendo parece gritar: "No me agrado a mí mismo y me siento indigno". Los colores que escoja no estarán coordinados, sino es no que combinan. Hacen mala selección en la combinación de telas y tal vez mezclen accesorios que serían considerados de mal gusto. Por ejemplo, tal vez usen calcetines blancos deportivos con zapatos de vestir o una camisa informal de cuadros con un traje. Las mujeres tienen la tendencia a usar cuellos altos y manga larga. Puede haber una falta de cuidado personal en ambos sexos, así como una falta de preocupación en mantener la ropa debidamente.

La excepción a esto son los casos de la respuesta de aquellos en donde el abuso sexual se ha vuelto extremadamente activo. Ellos visten generalmente con el propósito de recibir una respuesta sexual de otros.

B. Cabello. Como en la descripción anterior, el grado del efecto del trauma puede ser determinado por el estilo de cabello y la apariencia personal en general. Cuando el abuso empieza, NO quieren que la gente los vea. Usted puede sentir que su cabello se convierte en una "máscara" detrás de la cual se esconden. Al principio bien pueden elegir estilos comunes y poco atractivos, pero es típico que cuando han llegado a una etapa más intensamente afectada su cabello parece grasoso, descuidado, mal atendido y poco apropiado para su edad. Muchas veces se quejan que su cabello requiere mucha atención y energía para mantenerlo. Es probable que el cabello caerá en la cara y será largo y lacio en los lados. Usted se dará cuenta de que se esconden detrás de su cabello. A este punto no habrá esfuerzo de mantener estilos de moda o cualquier estilo que le favorezca. La excepción a esta descripción serán aquellos que responden al abuso volviéndose sexualmente activos en extremo.

C. Apariencia física. En la etapa temprana de este desorden usted puede observar algo tan ligero que hace que las víctimas no parezcan del todo "normal". Su lenguaje corporal mostrará indicios de miedo e inutilidad, mostrando desprecio por sí mismo. Cuando los efectos aumentan notará un aspecto que algunos han descrito como gris, un color difícil de describir. Las mujeres usan poco maquillaje si es que lo usan. Los hombres se afeitan poco o su apariencia expresa de alguna otra forma sus sentimientos de inutilidad y inatracción. Inconscientemente, tratan de mandar el mensaje de ser inatractivos, ya que este es un estado seguro, por que si no son percibidos atractivos tal vez nunca más tendrán que temer a ser mal tratados otra vez. Los hombres tienden a no bañarse como debieran y a usar ropa sucia o arrugada. Tanto los hombres como las mujeres tenderán a sentirse "sucios". En contraste, unos cuantos expresarán su "suciedad" al ser compulsivos en su necesidad de limpieza. Algunos incluso se baña rán varias veces al día, cambiándose la ropa cada vez.

Tanto los hombres como las mujeres peleen tal vez una batalla sin fin con el sobrepeso, a menos que reciban ayuda para modificar su comportamiento de algún grupo especializado en esa área.

Debe aclararse que dado que la mayoría de las víctimas de incesto o abuso sexual tienen poca memoria, la manera de pensar que produce su comportamiento y gobierna sus decisiones es inconsciente. No entienden por qué lucen como son ni tienen un recuerdo consciente de ningún evento al que puedan culpar, por lo tanto, esta carencia causa frustración y los lleva a todavía a más inferioridad, convenciéndolos de que hay algo en ellos que no está bien. Se ha notado que algunas víctimas es este caso creen que la persona real está encerrada y no puede escapar. Están seguros de que si PU DIERAN escapar serían personas competentes y simpáticas.

La misma excepción también existe: Parece que los que responden con una actitud sexual extrema pueden describirse como totalmente opuestos a las categorías men cionadas.

D. Medio ambiente. En las etapas tempranas de la for mación de la personalidad de la víctima, a la mayoría de ellas les será más fácil mantener limpias sus oficinas o los lugares abiertos de su casa que sus áreas privadas. Son capaces, a este punto, de pedir ayuda para mantener limpio su alrededor, pero cuando el desorden se intensifi ca se vuelven incapaces de pedir ayuda ya que se consid eran indignos de ser ayudados. Su ambiente los agobia y sus hogares y oficinas se vuelven desordenados y desor gani zados. Su casa y oficina estarán decoradas con col ores y muebles que parecen decir: "Esta área no es querida". Sus áreas de trabajo o escritorios estarán llenos de cosas y des organizados, aparentemente como una expresión de la confusión interna y cambio emocional.

E. Hábitos de descanso. Generalmente usan capas de ropa para dormir y se les hace casi o imposible dormir sin

algún tipo de cobija, sin importar la temperatura. General
mente prefieren que sus camas estén contra la pared y si
el cuarto no puede arreglarse de esa manera, harán inac
cesible un lado de la cama y dormirán en ese lado. Si no
están casados, llevarán a la cama libros y otros artículos y
se quedarán dormidos con eso en la cama. A menudo
duermen frente a la puerta y tal vez se les haga dificil
dormir sin una luz leve. Duermen en la orilla de la cama
como si tratarán de limitar el acceso.

Las víctimas sexuales tienden a dormir mal, a menudo
teniendo pesadillas o duermen tan profundo que parece
que siempre están en un estado de sueño. Puede que
recuerden sus pesadillas porque son de naturaleza
traumática, pero nunca recorda rán sueños común y cor
rientes. Se despertarán muchas veces sintiendo que aca
ban de soñar algo, pero no son capaces de recordarlo. Cul
parán la falta de sueños al hecho de que duermen tan pro
fundo. La mayoría de las veces se levantan más cansa dos
que cuando se acostaron.

Una característica que es compartida tanto por las víc
timas de abuso físico como las de abuso sexual es que si
alguien entra a su cuarto se despiertan inmediatamente.
El significado de este comportamiento es entendido mejor
cuando recordamos que estas víctimas generalmente no
tienen memoria consciente de los ataques que sufrieron
mientras crecían, por lo tanto, no entienden los motivos de
su comportamiento. Es también significativo que NUNCA
comparan su comportamiento con el de otras víc timas.

F. Lenguaje corporal. Estas víctimas a menudo
mantienen gran espacio territorial y se incomodan si su
zona de comodidad es invadida. Esto será verdad si el inva
sor ha sido un conocido por largo tiempo y el nivel de la
relación se ha estrechado lo suficiente como para confiar
en el individuo. No les gusta ser tocados y sobre todo abra
zados. Detestan estar confinados y tener que trabajar duro
para no ser vulnerables en ninguna forma. Si permiten el
contaco físico, nunca estarán relajados, ya que su pos tura
rígida transmite que están solamente "aguantando" la

atención. SIEMPRE están alertas de todo movimiento en su perímetro.

Una mujer que ha sido maltratada repetidamente tendrá a sentarse en una posición protectora, con las piernas cruzadas y con el pie alrededor del tobillo, e incluso llegará a protegerse poniendo su mano entre las piernas. Los hombres también se sentarán en posiciones protectoras, pocas veces tendrán libertad para sentarse con las piernas abiertas.

ESTADO EMOCIONAL

La descripción psicológica de un individuo que ha sido abusado sexualmente es más complicada y difícil de dividir en párrafos fáciles de leer, así que empecemos formando un cimiento para el daño de las emociones.

Ya que la Biblia nos dice claramente que Dios ha escrito en los corazones de toda la humanidad Sus leyes básicas y Sus normas, hay dentro de cada uno de nosotros al nacer, un sistema incorporado del bien y el mal. NOSOTROS le llamamos consciencia y como todos sabemos, tiene una manera misteriosa de exhibirse en los momentos menos oportunos, echando a perder nuestra diversión o al menos así lo pensamos. Ya que aceptamos su existencia, procedamos. Un niño quien, bajo el cuidado de un adulto no sólo es violado en su cuerpo, sino que también es forzado a violar la ley de Dios, está abierto a una cantidad intensa de daño emocional así como contaminación espiritual. Dios toma este problema de manera tan seria que hay VEINTE leyes en contra del incesto en la Biblia y el apóstol Pablo disciplinó a toda una iglesia por este pecado. En Levítico 20:11-12 el punto de vista de Dios sobre este pecado se hace más evidente cuando El enfatiza la im portancia de esos veinte mandamientos al dictar uns sentencia de MUERTE por el pecado del incesto.

Si entendiéramos las consecuencias de nuestras acciones y el daño severo que producen, andaríamos con mucho cuidado delante de nuestro Dios y nuestros hijos. Dios cono ce los daños a largo plazo y en algunos casos los daños permanentes que el abuso causa en la personalidad y la manera de pensar de las víctimas. El también está consciente de cuán abiertos a la opresión espiritual este pecado en particular deja tanto a las víctimas como al agresor. Bajo el Antiguo Pacto la única cura de Dios para tanto la víctima como el culpable era la muerte. Todavía no había sangre derramada que fuera lo suficiente mente santa como para traer liberación. Si tan sólo entendiéramos el nivel de cambio que ocurre en el espíritu, mente, voluntad y emociones de las víctimas en respuesta a las situaciones de la vida y a la gente, tendríamos un mejor entendimiento del juicio de Dios que consideramos tan duro. Podemos alabar a Dios por su gran provisión de liberación a través de Jesucristo. Bajo el Nuevo Pacto ni las víctimas ni el agresor son sentenciados a muerte. Después de entender la seriedad con la que Dios ve este pecado, debemos tener compasión de las víctimas y estar dispuestos a ayudarles en su necesidad de liberación y sanidad. Como ministros y líderes, debemos comprometernos más en hacer todo lo que podamos para ayudar a los agresores a detener sus acciones y a recibir ayuda para acabar con el problema.

Las personalidades de víctimas de abuso pueden ser descritas con la palabra ambiva lente. Trabajar con ellos puede ser muy molesto si no se reconocen los síntomas y espí ritus que se están manifestando. Como sus socios, amigos, compañeros o jefes, uno comienza a pensar que está loco o que ellos tienen una enemistad en su contra para distraerlo. Como su pastor o líder espiritual, no entiende las batallas y los estorbos espiri-tuales que pare cen enfrentar deliberadamente. Parecen pecar siempre en el mismo punto de su caminar, cuando el éxito está a la vista o cuando Dios está por moverse a su favor. Esto pro duce tanta frustración en usted que quiere darse por ven cido y mandarlos a "bendecir" a otro ministerio.

Para poner las cosas en orden vamos a aclarar algunas de las áreas de mayores proble mas en la personalidad de la víctima. Trataremos al final de desenmascarar los prin cipios espirituales que operan en estas áreas.

AREAS DE PROBLEMA.

A. Miedo. Las víctimas sexuales no están conscientes del origen de sus muchos temores, los cuales obstruyen su desarrollo y suprimen sus éxitos. Sus miedos más comunes son:

1. Miedo al éxito. Estén o no al tanto de este temor las víctimas, sus efectos conti núan. En el momento en que la víctima esté logrando el éxito hará algo intencionalmente para cambiar de dirección y termi nar en fracaso total o un éxito a medias. Expresará su frustración de "nunca triunfar", ya que no tiene idea alguna de qué es lo que impide su éxito. Aunque sea difícil de entender, sus acciones no son planeadas deliberadamente y su falta de éxito es más difícil para ellos de entender. Se sorprenden, se frus tran y sienten que Dios no quiere que salgan ade lante. Algunas víctimas creen que unos son desti nados al éxito y otros no. Otros dirán que creen que viven bajo una maldición y otros están con ven cidos de que Dios tiene un conocimiento secreto que los hace indignos de confianza o demasiado malva dos como para triunfar. No importa como expresen esas creencias, us ted necesita entender que ellos se sienten completamente fuera de control de la situación, lo que empeora sus sentimientos de debil idad.

2. Miedo al fracaso. Este temor siempre está acom pañado del temor al éxito. Produce el mismo des gaste en sus víctimas como cuando el acelerador y el freno de un carro se pisan al mismo tiempo. Las víc timas se sienten forzadas a sobresalir constante mente, tra tando de probar que NO nacieron malos. Trabjarán más, jornadas más largas y tenderán a tomar toda la culpa y todavía se preguntarán que está mal en ellos. Tenderán a investigar formas

alternativas para llevar a cabo una tarea, tanto que su oportunidad sería inevitable si tan sólo encontraran la combinación correcta. Tienen tanto miedo al fracaso co mo al éxito porque están buscando algo que termine con los sentimientos negativos que tienen de sí mismos y asumen que los demás también los tienen.

3. Miedo a Dios o cualquier autoridad. Estas víctimas están convencidas de que Dios no hará nada más que torturalos o negarles las cosas que quieren. Esperan ser violados, utilizados y lastimados por Dios tal y como les pasó con el abusador o abusadores. Toda víctima de abuso sexual con la que he trabajado ha tenido más dificultad con Dios que cualquier otra persona que no ha experimentado este tipo de abuso. Aunque no tengan recuerdos de abuso sexual, parecen sospechar de Dios por instinto, como si Lo fueran a culpar porque sus circunstacias nunca parecen marchar bien.

4. Miedo a ejercer liderazgo. Como las víctimas de otro tipo de abuso, no aceptarán puestos de liderazgo a menos de que sean forzados a hacerlo. A diferencia de otros, ellos encontrarán a alguien al que le puedan dar sus ideas y permitir que esa persona adquiera notoriedad. Este tipo de víctima tiene una idea de sus talentos y habilidades innatas. Desea que sus ideas y sus sueños se cumplan con éxito, aunque sea incapaz de hacerlo. Su "estrella nueva en la constelación" será alguien que tenga iniciativa, pero que tal vez no tenga la habilidad creativa para iniciar programas nuevos o la habilidad de llevar a cabo las cosas por sí mismo, así que la víctima podrá delegar sus dones naturales detrás de bastidores. Advertencia: Si esta relación continúa, se volverá no saludable ni para el que posa como para la víctima. Las principales fuerzas de empuje dentro de las víctimas sexuales que los alejan del liderazgo (además del miedo al éxito) son los sentimientos fuertes de

inferioridad y de la falta de utilidad innata. Su temor es de que si estuvieran en la tensión de una posición de liderazgo donde sus verdaderas habilidades quedaran al descubierto, resultarían ser como un escenario de Hollywood: sólo una fachada sin profundidad real. Algunos confiesan su temor de que si su verdadera personalidad sale al descubierto, serían comparados a una estrella fugaz y no a un corredor de larga distancia. Hay una desconfianza de sí mismos y temen que si aceptan puestos de liderazgo, alguna parte escondida de ellos sería desenmascarada y sería deshonrados.

5. Miedo a perder el control. Tienen miedo a que si muestran sus emociones se pondrían en peligro de ser lastimados. Les gusta estar en control de su ambiente. Tratan de tener el suficiente conocimiento en una variedad de materias para dirigir la conversación y prevenir que se centre sobre ellos o que los desenmascare. Tomarán control de la situación con el uso de lenguaje corporal que parece gritar: "Estás demasiado cerca, aléjate" o "No participaré en esta acción de ninguna manera". En el peor de los casos, tratarán de intimidar a todos los involucrados o de convencerlos que no son dignos de su atención. Este temor afecta grandemente su relación con Dios. Ellos limitan lo que se permiten a ellos mismo experimentar o lo que permiten que Dios haga en sus vidas, especialmente en público. Tienden también a negar la profundidad de su relación con Dios. Raras veces permiten encuentros emocionales públicos con Dios. No dirán alabanzas en voz alta, no correrán por la iglesia ni operarán libremente en los dones. No cantarán solos frente a la congregación, no enseñarán a un grupo grande, ni se permitirán tumbados por el Espíritu.

6. Miedo a la oscuridad y de irse a la cama. Las víctimas sexuales se vuelven nerviosas en la noche y no les gusta estar solos en una casa o edificio vacío.

Tienden a posponer el irse a la cama hasta ya TARDE. Tal vez usted llegue a recibir en la noche lla madas de estas víctimas, porque parece que las situaciones que han enfrentado bien durante el día de repente en la noche se vuelven severas y más allá de lo que pueden enfrentar. Usan más esfuerzos para enfrentar la oscuridad de que lo que se dan cuenta.

7. Miedo a la violencia o al dolor. Harán cualquier cosa para evitar ambos, con la excepción a esas veces que sienten la necesidad de ser castigados. Estas víctimas tienen miedo de que en cualquier momento alguien inflija en ellos dolor, violación, abuso físico o daño físico de algún tipo. Este temor viene del hecho de que el abuso inicial ocurrió sin razón alguna. La mayoría de las víctimas sienten que como no hicieron nada para mere cer el primer abuso y el patrón continuará por el resto de sus vidas, lo cual los hace inca paces de confiar en Dios o el hombre.

8. Miedo a aquellos que le recuerden al agresor. Estas víctimas parecen adorar a sus perpetradores y a respetar sus opiniones. Sin embargo, mostrarán temor a las personas que son del mismo sexo y tipo que su agresor. Esto por supuesto esto es incon sciente.

B. Desconfianza de la gente. Las víctimas esperan que la mayoría de la gente abuse de ellos para causarles un dolor emocional o físico. Algunos creen que la gente sólo se junta con ellos por lo que pueden producir o proveer. Las víctimas generalmente en juntar gente a su alrededor y pueden dar buenos consejos basados en motivos de sospecha; pero en sus propias vidas parecen mantener por lo menos a un agresor a su alrededor. Su discernimiento parece no funcionarles a ellos. Tienen la habilidad para reconocer y eli minar ciertos tipos de personalidad que les causen problemas, pero su sistema de advertencia no es lo suficientemente efectivo para eliminar totalmente a aquellos que los destruirían o desacreditarían. Las víctimas a menudo tienden a formar relaciones de odioamor con sus agresores, siempre tratando de ganar su aprobación y respeto.

C. Falta de sentimientos y emociones. Este síntoma aparece más seguido en aquellos que fueron abusados fisica o psicológicamente y generalmente ocurre en aquellos que han sufrido abuso sexual SI usaron su imaginación como mecanismo de defensa para escapar del abuso. La falta aparente de emoción da a la víctima la apariencia de ser serenos, fácil de relacionarse, pacientes, insacudibles y capaces de manejar situaciones y gente que la persona promedio no toleraría. Parte de su habilidad para vivir se esta forma es su falta de emociones y sentimientos, pero mucho de ello es porque sienten que no son dignos de un mejor trato. La víctima muchas veces se sentirá sin vida en su interior pero teme pedir ayuda, ya que eso expondría su temor secreto de que le pasa algo extremadamente malo y que debe ser encerrado en alguna institución. Si algo pueden sentir será por lo general ira, dolor y temor. Son las emociones positivas las que están más allá de su comprensión. Se tiene que ejercer mucha presión para que haya alguna sensación de emoción. La mayoría en este tipo de abuso no tienen entendimiento del amor o lo que significa; esta es una declaración alarmante, pero el daño hecho por el agresor no ha sido completamente entendido por las almas normales. Este carencia hace que cualquier compromiso emocional sea casi imposible de llevarse a cabo; esto también los previene de tener un compromiso total con Dios, como si siempre detuvieran algo que está fuera del alacance de Dios.

D. Patrones de lenguaje. Las víctimas siempre parecen estar pidiendo perdón por todo. Si usted pasa suficiente tiempo a su alrededor, le parecerá que se disculpan por el hecho de estar vivos y ocupando un espacio. Su comunicación está centrada en los patrones de consentimiento continuo. Constantemente renuncian dando un paso atrás hasta que no puedan tolerar su patrón de retirada, entonces observará un poco de valor hasta que han ganado un poco de terreno, pero desafortunadamente este ciclo vuelve a comenzar. Tienen la tendencia es de ser mediadores ya sea que estén involucrados en el desacuerdo on no. Parecen saber qué decir para evitar confrontaciones. Explicarán cualquier cosa que poseen que no aparente pobreza, ya que se sienten completamente indignos de cualquier lujo. Cuando reciben un cumplido por lo que visten o algo que poseen, le dirán lo viejo que es o que fue un regalo. NUNCA se les oirá decir que ellos mismos compraron un artículo de lujo, ya que se sienten tan sucios e indignos como para tener derecho a lujos. Aceptar regalos es tan difícil que aún cuando son forzados a hacerlo, no disfrutan de esa generosidad.

E. Expectaciones. Siempre esperan lo peor. Parece que las víctimas sexuales son el segundo tipo de gente que florecen bajo la adversidad (el primer grupo son los adictos a la adrenalina). Su teoría de la vida parece ser que SI algo bueno sucede este será seguido por algo MALO, ¿así que para qué permitir lo bueno? Por favor tome nota de esto, más que cualquier característica, esta arruina su vida espiritual. Es como si se pusieran de lante de Dios con sus manos cerradas y rehusando Sus bendiciones. Su manera de ver a Dios está distorsionada porque creen que las promesas de Dios funcionan para todos menos para ellos.

F. Amnesia. Esta se divide en cuatro categorías dependiendo de la severidad del proble- ma y del mecanismo para enfrentarlo que la víctima ha usado:

1. Total. Las víctimas tienen poca memoria de su niñez, lo cual los lleva a la frus tración y el temor. En primer lugar, creen que no tienen pasado que sirva como fundamento para construir el presente y el futuro; pero lo que es aún peor, tienen un temor constante de que hay algo tan terrible en su pasado y si fuera descubierto, los destruiría.

2. Selectiva. Este grupo recuerda solo los eventos buenos que acontecieron. Aunque usted no lo crea,

por nuestras observaciones llegamos a la conclusión que esto causa más problemas emocionales que la categoría anterior. Mientras crecían las víctimas for maron un concepto falso de los miembros de su familia, siempre haciéndose ellos mismos los villanos de la historia, por lo que ahora se sienten culpables de sus sentimientos negativos inexplicables.

3. Parcial. Estas víctimas tienen una mezcla de recuerdos tanto buenos como malos, y por lo menos los malos no son amenazantes. Esta víctima es la más difícil de tratar de los cuatro tipos. Cree que ya que su memoria es tan buena, no puede existir nada más allá, sin importar cuánto síntomas plagan su vida. Es esta categoría se encuentran los individuos que recuerdan uno o dos episodios de abuso (e inclu so tres), pero su memoria los protegerá de recordar a los agresores, lo que es lo más amenazante. Las víc timas pueden haber creado una relación con sus agresores basada en tal fantasía que su cordura estaría amenzada si esta relación se rompiera. Sus recuerdos tal vez los estén protegiendo tanto de los agresores y las acciones iniciales, así como de la fre cuencia de los ata ques.

4. Fantasía. Estos individuos han creado recuerdos que son del 90% al 95% falsos. Hay tan sólo la sufi ciente verdad como para pasar una inspección y dar les una identidad, pero crea conversaciones y rela ciones positivas con miembros de la familia que jamás han existido. Esto intensifica la culpa sentida por admitir que algo menos que el amor total pasó dentro de su familia, lo cual también los pone en una posición de estar tratando constantemente de ganar el amor y la aprobación de su familia.

Este problema de amnesia en cualquiera de las cat egorías anteriores afecta otras áreas de la vida del individuo. Tal vez tenga un problema para retener la infomación aprendida en la escuela y esto causará que sienta que su coeficiente intelectual es más bajo de lo que en realidad es o que tal vez sufre de lento aprendizaje. Puede ser que también tenga problemas con su memoria a corto plazo, lo que parecerá a otros que no escucha o no pone atención. Ninguna de estas cosas es verdad.

En las cuatro categorías hay etapas cuando la víctima sabe (aunque sea inconscientemente) que algún evento en su pasado fue doloroso. Esto puede manifestarse en una variedad de maneras:

    a. Un sueño en el cual las figuras no tienen forma definida, no se pueden identificar y están distorsionadas.

    b. Un temor vago de que alguien está bajo su cama.

    c. Una impresión ligera de que una forma está parada junto a la puerta, lo cual resulta en pánico.

Esto puede ocurrir en sueños y también en tiempos en que están alertas, pero el temor casi siempre acompaña a estos eventos y hay un terror de recordar la causa. Aunque no existe el recuerdo de el abuso, se le hace difícil, sino es que imposible, ver un programa de televisión o leer cualquier material referente al tema del abuso.

G. Cómo se ven así mismos. Siempre se sienten inferiores a los demás. Trabajan horas extras para ser aceptados, queridos y valorados. Sin embargo, como no se ven así mis- mos es esta luz, están bajo la misma decepción que una víctima de la anorexia que cuan do se ve en el espejo ve a una persona gorda. Es imposible infundir cualquier realidad a su percepción de sí mismos. Tratan de muchas maneras de ganarse amor y respeto, pero nunca podrán aceptarlo, con lo que se frustrarán a ellos mismos y a los demás. Expresan sus sentimientos ya sea comunicando que todo marcha bien o tratando de actuar como si estuvieran en control. Otro mecanismo de defensa usado es su necesidad de saber un poco de todo; puede también que sufran de inercia, tanto para evitar juicio como desen mas caramiento. Las víctimas sexuales tienen tendencia a un comportamiento autodestructivo y generalmente se odian a sí mismas, quienes son, lo que son y lo que hacen.

H. Relaciones. Las víctimas sexuales necesitan tener un agresor a su alrededor, y si no encuentran un agresor o alguien que puedan forzar para que tome ese papel, ellos abusa rán de sí mismos. Usarán el exceso de trabajo, negación de placer, metas fijadas tan sólo un poco más altas de su alcance, rechazo de alguna cosa que quieren o que disfrutarían o se pondrán en lugares donde recibirán dolor. Tenga cuidado: Ellos saben cómo convertir a una persona normal en un agresor temporal.

I. Actitudes sexuales. En esta área encontramos la variedad más amplia de reacciones. Algunas víctimas creen que todo lo que ocurrió fue su culpa, que ellas son sirenas y tentaron al agresor a cometer la acción. Si no tienen memoria, sienten que no se puede confiar en ellas y que en cada oportunidad atraerán al sexo opuesto a una relación, así que hacen lo posible para evitar todo contacto.

Sus vidas sexuales se dividirán en una de las siguientes expresiones:

1. No se involucran en NINGUN tipo de actividad sexual porque creen que el sexo es sucio.

2. El matrimonio les es casi imposible. Sienten que el sexo es un "servicio" y no una forma de comuni cación. (Recuerde que ambos sexos pueden estar involucrados en dar y recibir un servicio.) Si alguien en esta categoría contrae matrimonio, este segura mente estará lleno de problemas e incluso pudiera romperse a causa de los problemas sexuales y de afecto.

3. Tendrán grandes problemas dando y recibiendo afecto. Parecerán ser frígidos, pero la verdad es la intimidad los incomoda y los asusta.

4. Tal vez tengan un deseo sexual muy bajo aún si están casados. Si la víctima es el varón, tenderá a dejar salir sus sentimientos reprimidos de ira e indi gnación. El acto sexual será más como violación que

amor. Si la víctima es la mujer, tendrá la tendencia a ser pasiva y sin participar, como si estuviera planeando su día o escribiendo su lista para el supermercado. Esto parece venir del hecho de que cuando era niña su manera de enfrentar el abuso era "no estando presente". En el matrimonio ella no iniciará la relación sexual generalmente, ya que tiene miedo al pene del hombre. Como otra alternativa, ella a veces se volverá tensa e incomunicativa.

5. Si la víctima es varón, tal vez tenga tendencias pervertidas, sexo inapropiado, variedad de posiciones al grado de a veces avanzar al sado-masoquismo cuando se aburre.

6. La víctima masculina tal vez tienda más a la masturbación, mientras la femenina tal vez tenga problemas aún para tocar su propio cuerpo.

7. Las víctimas, ya sean hombres o mujeres, podrían volverse tan activos sexualmente que llegarían a correr el riesgo de llegar a la promiscuidad severa, lo cual está a un paso de la prostitución.

8. Las reacciones 5, 6 y 7 llevan a experimentos con stantes de posiciones, compañeros y actos diversos. Esto también puede llevar a la necesidad de dolor y humillación e incluso a actividades en grupo.

9. Cuando la homosexualidad y el lesbianismo son los patrones sexuales que resultan, las víctimas por lo general fueron sodomizadas.

J. Daño a la habilidad de ser buenos padres. Algunos de los padres abusados inculcarán a sus hijos un sentir de desconfianza o temor de miembros cercanos de la familia sin darse cuenta. Algunos lucharán contra deseos de tener relaciones incestuosas con sus propios hijos o tocarán inapropiadamente a otros niños. Afortunadamente la mayoría podrá confinar tales deseos a la fantasía.

Como se puede observar en los párrafos anteriores, el abuso sexual no deja ninguna área intacta en la vida de la víctima. La influencia de los agresores está marcada profundamente en la naturaleza y personalidad de sus víctimas. ¿Habría entonces de sorprendernos que antes de la venida de Jesús la única forma efectiva para tratar este problema fuera la muerte?

En II de Samuel 13:1-20 encontramos registrado un caso de incesto. El relato narra la respuesta tanto de la víctima como del agresor. Amnón amaba a Tamar, la engañó para que ella entrara en su cuarto y ahí la violó. En el versículo 15 leemos:

"Luego la aborreció Amnón con tal aborrecimiento, que el odio con que la aborreció fue mayor que el amor con que la había amado. Y le dijo Amnón: Levántate y vete".

Su respuesta a ese sentimiento nuevo de odio fue de echarla y cerrar la puerta con llave. Si lo hacen con intención o no, las acciones de la mayoría de los agresores son interpretadas por sus víctimas como odio y desprecio.

Los sentimientos y las reacciones de Tamar están registrados en los versículos 12, 13, 16, 19 y 20 así como también el daño a sus emociones. En el versículo 12 Tamar delinió los siguientes sentimientos y reacciones:

1. Por favor no me forces: Si las víctimas pudieran expresar algo a sus agresores sería enclarecer que están siendo forzadas a hacer algo que viola su ser interior.

2. No me humilles: Todas las víctimas admitirán que los sentimientos más fuertes son aquellos de humillación y contaminación.

3. No me deshonres: En el versículo 13 Tamar se abrió más y preguntó: "¿A dónde iría yo con mi deshonra?".

Cuando se trata con víctimas de abuso sexual de cualquier tipo, esté consciente de que ellos creen que nunca podrán ser libres de la vergüenza y la culpa. Estas víctimas creen que siempre deberán de sentirse por dentro sucias, malvadas e indignas. En el versículo 16 Tamar rogó: "No me eches porque esto es peor que la acción". La mayoría de las víctimas admitirán que lo más devastador de lo que se dieron cuenta fue que ellos sólo fueron juguetes desechables con los que se juega y luego se tiran. Se les dificulta aceptar que la motivación para esos actos no fue el amor, aunque fuera amor pervertido, sino que fuera la lujuria, el odio y el deprecio. La mayoría de los agresores quieren a sus víctimas fuera de su vida tan pronto ellas ya no les sean de ningún uso o placer.

En el versículo 19 Tamar expresó sus reacciones; ella lloró. Toda víctima parece sentir una tristeza profunda o duelo, de la cual no puede deshacerse o explicarla. Siente como si algo hubiera muerto. Nosotros sugerimos que es algo más que la muerte de su inocencia o de su viginidad. La mayoría de las víctimas declara que sus emociones murieron, que en cierto punto de la violación su sentido de respeto propio y su identidad como individuo murieron. Tamar lloró desconsoladamente. Cuando una víctima se da cuenta de que el abuso ha ocurrido no es raro que su respuesta sea el llanto incontrolable. El llanto tal vez ocurra más tarde en una etapa de recuperación.

En el versículo 20 se registra una descripción del futuro de Tamar, el cual describe la vida de toda víctima, antes y hasta su liberación.

"Y se quedó Tamar desconsolada en casa de Absalón su hermano".

Cuando se ministra a víctimas de abuso sexual, usted debe SIEMPRE romper el espíritu y poder del agresor sobre la víctima. Tal vez pudiera encontrar algunos de los siguientes también:

    1. Miedo al ataque y al agresor.
    2. Miedo al dolor y a la violencia.
    3. Miedo a ser descubiertos.
    4. Miedo a recordar y amnesia.
    5. Miedo a la oscuridad, miedo a su cama.
    6. Miedo al fracaso.
    7. Miedo al éxito y al liderazgo.
    8. Miedo a las emociones y sentimientos.
    9. Miedo a la gente.
  10. Miedo a Dios y a las autoridades.
  11. Miedo a perder el control.

12. Miedo al sexo.
13. Miedo a la gente del mismo sexo que su agresor.
14. Miedo a la intimidad y cercanía.
15. Espíritus inmundos.
16. Espíritus de sentirse indigno causan sentimientos de indignidad.
17. Despreciable.
18. Vergüenza, humillación y culpa.
19. Duelo, tristeza, llanto.
20. Pobreza y miedo a la pobreza.
21. Cualquiera otra de las cosas pertinentes a la persona con la que esté tratanto.

Recuerde orar siempre para que Dios sane los recuerdos y emociones de la persona. Tenga en mente que probablemente Dios no tratará completamente con todas estas áreas la primera vez que usted ministre a esta persona. Recuerde que usted le está pidiendo a Dios que restaure una personalidad completa y llena. Tomará tiempo, mucho tiempo para esa sanidad y mucho amor durante el proceso.

La víctimas tal vez podrían pasar por las siguientes experiencias, lo cual es normal y las hemos visto ocurrir en varios grados en cada una de las víctimas con las que hemos tratado:

1. Entrarán a su closet un día y se darán cuenta de que NADA refleja realmente quienes son, así que volverán a empezar tratando de decidir quienes SON ellos en verdad.
2. Tal vez acomoden toda su casa diferente de repente, cuarto por cuarto, por la misma razón. Algunas víctimas han incluso ampliado sus casas.
3. Su gusto por la comida puede cambiar de repente. Algunos han sido adictos al chocolate y el azúcar y ahora han perdido el gusto por ellos.
4. Su elección de amigos cambiará así como su elección de personas para salir.

Este es un tiempo de confusión que asusta a estas víctimas. Tenga paciencia, esté preparado para caminar con ellas en su descubrimiento de quienes son en realidad y qué es lo que pueden hacer. Esté preparado para esto, sin embargo. Ellos tendrán una urgencia incontrolable de decirle a ALGUIEN acerca de su pasado para probar su aceptación. Generalmente será a la persona más peligrosa que conocen, la cual sin duda los juzgará o hará mal uso de la información. Adviértales para que NO compartan su sanidad todavía. También adviértales que la manera de pensar es un hábito y llevará tiempo romperla. Así como un fumador tratará de tomar sus cigarros días después de dejar de fumar, de la misma manera los pensamientos del pasado vuelven. Esté listo para orar con esa persona y a estar con ella hasta que esté lista para caminar sola.

EL CAMBIO EVENTUAL EN LA PERSONALIDAD SERA TAN GRANDE QUE CUANDO EL PROCESO DE SANIDAD TERMINE, AQUELLAS PERSONAS CERCANAS A LOS QUE FUERON VICTIMAS SENTIRAN QUE HAN CONOCIDO A UNA PERSONA DISTINTA.

Capítulo X
EL ABUSO FISICO

En este capítulo verá muchos de los mismos síntomas y características que aparecieron en el capítulo anterior. Sentimos honestamente que ya que hay una conexión tan fuerte en el campo espiritual entre el cuerpo, el alma y el espíritu, aquello que afecta al cuerpo trae problemas tanto al alma (mente, voluntad y emociones) como al espíritu del indivi duo involucrado. Así que no nos sorprenderá encon trar que alguien que ha sido lastimado y golpeado termi nará por necesitar ministración tanto en su alma como en su espíritu.

Algunas de las mismas áreas serán como los casos de abuso sexual, aunque este tipo de abuso afecta principal mente al alma. Así como en el capítulo anterior, por favor esté al tanto de que no todas las víctimas mostrarán todos los síntomas o características, esto de penderá de la inten sidad del abuso físico, la frecuencia con la que ocurrió, el tiempo que fue maltratado y las reacciones del individuo al abuso y al agresor. En otro capítulo discutiremos acerca de las personas que han sido maltratadas por sus cónyuges. Usted se sorprenderá con la similitud en muchas áreas y también en sus diferencias.

A continuación presentamos una lista de los síntomas físicos de las víctimas de abuso físico. Muchas serán extremadamente similares:

A. Atuendo. Muy oscuro, no les favorece, pasado de moda e inapropiado para la ocasión. Su ropa no combina como debiera. Su forma de vestir está tan pasada de moda que parece ser ropa vieja de segunda, sin importar cuánto les costó en realidad. La mejor descripción para este grupo es que su apariencia en general indica que jamás fueron enseñados a vestirse bien o que simplemente no les importa y no se les puede molestar. Parece que se pusieran lo primero que encontraran a su alcance aunque este estuviera sin lavar. Su atuendo transmite también una actitud de pobreza y dice: "No valgo nada".

B. Cabello. Su cabello luce descuidado, sucio, grasoso y mal arreglado. Mientras que las víctimas de abuso sexual se esconden detrás de su cabello, una persona que ha sufrido abuso físico parece transmitir el mensaje de "No estoy aquí" o "Por favor olvida que me viste".

C. Apariencia. Una vez más usted observará lo que unos han descrito como gris, un semblante indescriptible que uno aprende a reconocer. Las víctimas del abuso físico no hacen nada para mejorar su apariencia, llegando incluso a ser descuidados en su aspecto. El mensaje inconsciente que transmiten es: "No me dará su aprobación de todas formas, ni le voy a agradar porque a nadie le agrado". Serán demasiado conservadores en su maquillaje, accesorios o perfumes. No harán nada a su persona para tratar de llamar la atención en ninguna forma. Este es el tipo de persona del que sus hijos dirían: "¡Qué persona tan rara!" Usted incluso llegue a pensar que lucen como unos fracasados, aunque en la mayoría de los casos eso dista de la verdad. Así como los individuos abusados sexualmente, han vivido sus vidas enteras en su mente, por lo tanto han desarrollado patrones complejos de deducción y evaluación y sus mentes son extre-madamente brillantes.

D. Medio ambiente. Sus hogares están a menudo extremadamente amontonados y algunas veces hasta parece que un torbellino pasó por ahí. Una de las víctimas que hemos observado lo expresó de la siguiente manera: "Parece limpio y durante la noche alguien entra y tira su basura y suciedad en mi casa". No es que la mayoría de las víctimas sean perezosas, sino que sus mentes y sus espíritus están tan llenos de cosas que tal amontona miento es expresado en su medio ambiente. Además se sienten tan mal consigo mismos que no tienen la energía o motivación para mantener su ambiente diferente a la manera en que se mantienen ellos mismos.

E. Hábitos de descanso. Tienen tendencia a pesadillas violentas, pero generalmente se despiertan antes de que la acción siga su curso. Los individuos en sus sueños se distinguen muy apenas si acaso tienen recuerdos de su propio abuso. Con o sin memoria, generalmente serán la víctima en sus sueños, con la excepción principal de que si su memoria está intacta, entonces al principio de sus sueños los papeles se reversarán y ellos se convertirán en los agresores. Necesitan dormir de frente a la puerta y a menudo con una leve luz prendida. Tienen tendencia a dormir mal.

Es común que no recuerden sus sueños cuando despierten, pero aquellos que duermen cerca se dan cuenta de su inquietud al dormir. Tal vez se muevan y volteen mucho, murmurar, llorar e incluso hablar mientras duermen. Cuando se les hace preguntas mientras están en una etapa semi-dormida, describirán un sueño de estar siendo perseguidos, cazados o capturados y maltradados por alguien. Por la mañana siguiente no recordarán el sueño ni que hayan soñado algo. También experimentarán el dormir como muerto de una víctima de abuso sexual y se levantarán más cansados en la mañana que cuandos se acostaron. Además, muy similar a las víctimas de abuso sexual, se despiertan completamente si alguien entra en su cuarto. Tienen mejor memoria que las víctimas de abuso sexual, pero batallan lo mismo para hacer una conexión entre el abuso del pasado y sus problemas para dormir, ya que se les dificulta culpar a sus agresores.

F. Lenguaje corporal. Estas víctimas transmiten ira sin el uso de palabras sin darse cuenta. Como observador, usted puede interpretar esto como frialdad, arrogancia o exceso de confianza en sí mismo. Además, se sienten fácilmente amenazados e intimidados por lo que ellos perciben como uso de la fuerza. Sin darse cuenta, un consejero puede hablar en voz alta, con confianza o en forma autoritaria y la víctima lo percibe como gritos o discusión.

La mayoría de las víctimas de abuso físico expresarán de alguna manera u otra, "Haré lo que sea, pero no grites, no llores".

Además estas víctimas requieren un amplio espacio territorial y se incomodan extremadamente cuando su zona de comodidad es invadida. Si son amenazados, cambiarán de posición para reestablecer la seguridad de esa zona, haciendo lo que fuera necesario para lograrlo. Están siempre alertas a cada movimiento en su perímetro y toman acción instantánea para protegerse si interpretan que algún movimiento pone en peligro su cuerpo. Si escuchan algún ruido no identificable que suena como un portazo, algo que se avienta o cae, tienden a estremecerse como reflejo y preguntar: "¿Qué fue eso?", sintiéndose tontos y avergonzados después, tratando de explicar su temor. También notará que sus movimientos de los ojos son muy rápidos y que checan constantemente sus alrededores por si hay algún peligro e incluso la gente que se acerque.

NUNCA se sentarán o estarán de pie con su espalda a la puerta o a un grupo de gente. No permitirán ser acorralados en una esquina o en el centro de una multitud. Les asusta ser tocados o abrazados por la espalda, especialmente si no esperaban este contacto; su cuerpo se pondrá tieso, les faltará el aire, darán un grito de sorpresa o tratarán de zafarse para ver a su asaltante. Algunos harán todo lo anterior tan rápido que parecerá ser un humano superior por la velocidad. Prefieren ser los que inicien cualquier relación íntima o afectuosa.

La descripción psicológica de este tipo de víctima seguirá. Una vez más, debe establecerse que estamos tratando con personas que se comportan de cierta manera por lo que han experimentado a manos de alguien en quien debían haber podido confiar.

Dios creó a las familias para ilustrar Su amor por la humanidad y el cuidado que El tiene por nuestros cuerpos. Por muchos años Satanás ha tratado de destruir esta institución por dos muy buenas razones. Primero, él se da cuenta que si puede destruir la vida de la familia y traer violencia y violación, él puede impedir que las víctimas se relacionen, confien y obedezcan a Dios por amor y no por miedo. Si él puede crear las suficientes víctimas que desconfien de Dios tanto como de la gente y que le atribuyan a Dios los mismos motivos malvados de la gente, él creará una iglesia con desventajas severas; El tendrá más libertad para llevar a cabo sus metas para la humanidad. En segundo lugar, él tratará de destruir el único patrón que tenemos para entender nuestra relación con Dios y que Sus intenciones para nosotros son SIEMPRE buenas. Cuando entendemos este concepto no habrá nada que no haremos si Dios nos lo pide. En Jeremías 29:11 Dios le aseguró a Su pueblo lo siguiente:

"Porque yo sé los pensamientos que tengo acerca de vosotros, dice Jehová, pensamientos de paz y no de mal, para daros el fin que esperáis".

La mejor descripción del individuo que fue maltratado físicamente es: cuidadoso, temeroso y lleno de una ira lista para explotar como un volcán sin previo aviso. Como pastores o líderes estas personas pueden ser la ventaja más grande o la desventaja que consume más tiempo.

Empecemos ahora a analizar algunos de los problemas principales en las personalidades de estas víctimas y trataremos de desenmascarar a las fuerzas espirituales detrás de cada área al concluir.

A. Miedo. La víctima de abuso físico es controlada por tantos temores como la víctima de abuso sexual, pero su manera de expresión y su comportamiento son diferentes. Usted reconocerá muchos de los que aparecen más adelante y tal vez tendrá un mejor entendimiento de la conexión entre el cuerpo, el alma y el espíritu.

1. Miedo a tener éxito. Así como en el caso de las víctimas de abuso sexual, estas personas no están al tanto de que ellos mismos están obstruyendo el éxito en sus vidas. Ellos generalmente sabotean sus propios esfuerzos justo antes de alcanzar el éxito. No se dan cuenta de que ellos mismos son sus peores enemigos. Se les dificulta entender que es su culpa, ya

que trabajan duro para llegar a sus metas. La mayoría de ellos dice que es la culpa de Dios o de alguna fuerza o maldición desconocida que traen desde su nacimiento.

2. Miedo al fracaso. Este miedo siempre acompaña al anterior. Aquí hay mucho desgaste emocional y presión emocional aumenta como la mayoría de nosotros no entendería. Tienen tanto miedo al fracaso porque cada fracaso refuerza cada pensamiento y sentimiento negativo que han tenido de sí mismos.

3. Miedo a recibir reconocimiento o notoriedad. Si parece que este individuo va a ser honrado por un buen trabajo o si su talento o habilidad natural está siendo reconocida en público, o algo que él ha hecho es lo suficientemente valorable como para ser expuesto frente a una audiencia, le entrará pánico. Tratará de muchas maneras para evitar que ALGUNO de sus logros sea mostrado, lo cual es causado por un temor inconsciente de que una vez que esté frente a la vista pública, ya no será aceptado o valuable para que otros lo admiren.

4. Miedo a asumir el mando. Así como los otros dos tipos de víctimas, este individuo no asumirá posiciones de liderazgo a menos de que fuera forzado. Este individuo tiene un concepto aún un menor de su valor interior que la víctima de abuso sexual. Se convierte en un líder AMBIVALENTE, lo cual significa que cuando el grupo o la responsabilidad crecen parece no tener cabeza. Tomar decisiones le resultará imposible, así que tratará de averiguar el punto de vista de los demás haciendo que el grupo se rija así mismo o esperará y dejará que las cosas se den; esto causa que el grupo sienta que no tiene una verdadera dirección y que sólo está flotando con la corriente. Esto también causa que la rebelión ocurra, ya sea abierta o encubierta, con las personalidades

fuertes tomando el control por medio de sus sugerencias o de las instrucciones que dan.

5. Miedo a Dios o a cualquier autoridad. Como están acostumbrados a que una figura autoritativa abuse de ellos, asumen que cualquiera en autoridad sobre ellos los abusará y maltratará. Tienen aún más miedo de Dios que los otros dos tipos de víctimas ya que entienden el aspecto judicial de Su naturaleza. Creen que siempre han sido tan "malos" por lo que MERECEN castigo repetido, ya que siempre se les ha dicho que ellos mismos se buscaron su castigo. Naturalmente asumen que Dios siente lo mismo acerca de ellos, incluso algunos piensan que El sabía que eran malos y es por eso que su vida ha sido una experiencia tan terrible para ellos.

6. Miedo a perder el control. Temen que el resultado de perder el control de sus emociones o de su medio ambiente los lastimará aún más. Ya que la mayoría cree que se han protegido de más dolor al ser más listos y despiertos que su agresor, la mayoría de estas víctimas NUNCA SE RELAJA. Continuamente evalúan a cada persona a su alrededor, lo cual hace dificil que la gente trate de entablar una relación cercana con ellos, ya que esto hace que los demás se sientan hechos a un lado, que no se confía en ellos y que no son agradables, por lo que la gente deja de tratar de entabler una amistad con esta víctima. Este hecho empeora sus problemas porque se sienten solos y aún más indignos. Tienden a controlar todas las conversaciones para que la plática gire en torno de ellos pero que nunca se acerque demasia do para que no tengan que ser transparentes. NUNCA verá a las víctimas de este tipo permitir un encuentro público con Dios ya que este resul taría en una pérdida de control. De hecho la mejor palabra para describir a estas personas es estoico. Aún en una iglesia ellos evitarán cualquier posición que los hiciera volverse transparentes.

7. Miedo a las multitudes. Estas víctimas a menudo tienen miedo de hablar frente a grupos. Temen que todo lo malo en ellos o en lo que fallan será visto por todos los presentes, entonces perderían cualquier respeto y amigos que tuvieran. Evitan ser puestos en cualquier situación que requiera que sean evaluados, puestos a la vista o criticados.

8. Miedo al criticismo. Este siempre existe junto con el miedo anterior. Es más pronunciado en la víctima de abuso psicológico, pero de todas formas debe de tratarse. Son tan frágiles y el concepto que tienen de sí mismos es tan bajo, que cualquier declaración negativa de alguien que aman o valoran puede hacer un daño irreparable a sus emociones.

9. Miedo a la oscuridad o de ir a la cama. Estos individuos se vuelven muy nerviosos por la noche. Tienden a no enfrentar bien los problemas en la noche y llamarán pidiendo ayuda más seguido por la noche. NO les gusta entrar a un edificio vacío por la noche y se ponen muy nerviosos cuando se quedan solos en la noche. Tienden a sentir que algo malévolo o dañino saldrá, ¡como si de verdad el coco existiera!

10. Miedo a la violencia o el dolor. Harán CUALQUIER cosa para evitar ambos CON EXCEPCION de cuando sientan la necesidad de ser castigados. Estas víctimas siempre tendrán un agresor a su alrededor listo para infligir el dolor que ellos necesitan. Sin embargo, ya que estas víctimas desconfían de todos, ellos esperan ser maltratados regularmente ya sea que lo necesiten o no.

B. Desconfianza de la gente. Estas víctimas sienten que que no hay nada en ellos que sea lo suficientemente valioso como para merecer aprobación, así que nunca esperan tener una buena interacción con la gente. Asumen que si hacen algo bien, alguien más vendrá y tomará el crédito. Una vez más, estas víctimas son muy hábiles para enfocarse en los demás y nunca en sí mismos. Tienden a tener un gran discernimiento de las intenciones de la gente, así que tenga cuidado y no confunda esto con un juicio crítico.

C. Falta de sentimientos y emociones. Estas víctimas no pueden controlar sus reacciones y parecen no encontrar una manera de activar sus sentimientos y emociones. Han u sado su intelecto como un mecanismo de autodefensa. Estas víctimas aparentan ser reservadas, frías, arrogantes, sin emociones y pacientes. Parecen poder tra bajar con gente y en situaciones que otros encuentran imposibles. Esta habilidad viene de sus propios sentimientos de ser inútil e inservible que no les permiten juz gar a otros para que sus debilidades no sean notorias. Estas víctimas tienen mucha ira, enojo, resentimiento y odio, los cuales si pueden sentir a falta de otras emociones. Sin embargo, ya que se dan cuenta de lo fácil que sería que ellos perdieran el control, trabajan duro para reprimirlos. Muchos se agotan al grado de que no hacen todo lo que deberían o sufren de pesadillas violentas.

D. Patrones de lenguaje. Se disculpan por todo. Parecen sentirse responsables de todo lo que no marche corectamente. Su manera de hablar está centrada en patrones subordinados. Continúan haciéndose para atrás hasta que se les empuja más allá de su tolerancia y entonces luchan para ganar el terreno que han perdido. Son mediadores en cada situación y con toda la gente. Tienen un vocabulario deficiente y se les dificulta recibir abundancia o alabanza. Continuamente explican lo que poseen como algo viejo o regalado. No tomarán ningún cumplido que reciban e incluso avergonzarán a la persona que les dio el cumplido. No se comprarán nada para ellos mismos si no lo pueden justificar como una contribución valuable a su trabajo o para hacer una situación más fácil de resolver. Siempre tratan de encontrar a alguien más o algo más que se beneficie tanto si no es que más con su compra.

E. Expectaciones. ¡Siempre esperan lo peor! Creen que ellos sólo son capaces de pro ducir trabajo inferior, así que nada bueno debe resultar. Esperan siempre trabajar y no recibir nunca un premio o beneficio alguno de su labor, ya que nunca lo han hecho. (Ellos no entienden que ellos mismos se han puesto ese límite, pero negarían cualquier respon sabilidad por dicho problema.) Estas personas parecen florecer bajo presión y se enorgu llecen de ello; esto distorsiona su habilidad de recibir las bendiciones de Dios, así como el verlo como un Padre amoroso.

F. Amnesia. Este grupo de víctimas no parece tener problemas severos de amnesia como las víctimas de abuso sexual, A MENOS que el abuso haya resultado en la muerte, un impedimento permanente o en cicatrices en su cuerpo. Si su memoria está afectada, generalmente estará centrada en la frecuencia del abuso, su intensidad o el agresor princi pal. La mayoría de las víctimas en este grupo le dirán que usted "simplemente no entiende" lo difíciles que fueron para criar. Creen que esto excusa las acciones del agresor y ponen la culpa donde ellos piensan debe caer: en ellos mismos. Si hay alguna tendencia a la amnesia, usted observará uno de los siguientes patrones:

1. Un problema con la retención los hará parecer que tienen un coeficiente intelectual más bajo de lo que en realidad tienen o se confundirá con un prob lema de aprendizaje.

2. Tendrán problemas con su memoria inmediata (a corto plazo) y parecerá que no escuchan o no ponen atención.

Aunado a su aparente arrogancia, estos problemas podrían convencerle a uno de que son egoístas y ego centristas. Esto podría distar de la verdad y agrava sus problemas de no sentirse amados y ser juzgados.

G. La manera en que se ven a sí mismos.

1. Se sienten inferiores a los demás. Tratan muy duro para ser amados, aceptados y vistos como alguien con valor, pero ya que ellos no pueden acep tar estas actitudes de sí mismos, tampoco las pueden recibir de los demás. Necesitan refuerzo con stante y seguridad de que están haciendo un buen trabajo, o de que son buenas personas, pero no

recibirán esto como la verdad, lo que las hace ser las personas más frustrantes para tener como amigos o compañeros de trabajo.

2. Están tan llenos de odio a sí mismos que odian QUIENES son, lo QUE son Y TODO LO QUE HACEN. No confían en sí mismos. Tienen miedo de que si perdieran el control, se volverían extremadamente violentos.

3. Tienen miedo de compartir sus sentimientos interiores, lo que son en su interior con CUALQUIERA.

4. Tienden a autodestruirse.

H. Siempre tendrán a un agresor en su medio ambiente. Este grupo tiende a relacionarse sentimentalmente con agresores, al grado de llegar al matrimonio. Incluso pudieran llegar a tener un jefe o compañero de trabajo que fuera un agresor. Si no pueden encontrar a un agresor, o hacer a que alguien a su alrededor se convierta en uno, sufrirán abuso de alguna manera aún si es por medio de privarse de una necesidad o deseo ellos mismos. Tenderán también a ponerse en situaciones dolorosas.

I. Mantendrán una posición protectora sin importar cual fuera la situación. A menudo parecen asustados, tímidos y fáciles de intimidar.

J. Tienen la tendencia de maltratar a sus cónyugues (los cuales probablemente eran víctimas antes del matrimonio) o a sus hijos.

K. NUNCA (antes de ser ministrados) deberán trabajar en guarderías o asilos de ancianos, ya que serán propensos a maltratar a los individuos a su alrededor que les causen frustración.

L. Tienen una gran dificultad para dar, a un nivel emocional, a aquellos que son importantes en sus vidas, por lo que tratan de compensar dando demasiado a aquellos que no significan tanto en sus vidas.

M. Siempre tendrán una relación de amorodio con sus agresores. Los defenderán ante los demás y no permitirán que nadie ataque a la persona o carácter del agresor; pero aún así tienen mucho miedo de su agresor y a veces luchan contra la necesidad violenta de matarlos o hacerles daño en una forma visible y duradera.

N. Tratarán toda su vida de ganar la aprobación del agresor, aún después de la muerte de este. Inconsciente mente creen que si contaran con la aprobación del agresor serían seres humanos valiosos y dignos.

Como puede observarse en los párrafos anteriores, el abuso físico daña más allá que tan sólo el cuerpo. Deja moretones en la mente, voluntad, emociones y espíritu de la víctima. Estas heridas a menudo dejan cicatrices que permanecen sensibles a la presión y que se abren en momentos inoportunos. No por nada Jesús escogió leer lo que mejor ilustraba el propósito de Su ministerio de Isaías 61:1-3. Lo podemos encontrar en Lucas 4:18-19:

"El Espíritu del Señor está sobre mí, por cuanto me ha ungido para dar buenas nuevas a los pobres;

me ha enviado a sanar a los quebrantados de corazón; a pregonar libertad a los cautivos, y vista a los ciegos; a poner en libertad a los oprimidos; a predicar el año agradable del Señor".

En Mateo 12:20 encontramos esta otra descripción del ministerio del Mesías:

"La caña cascada no quebrará, y el pábilo que humea no apagará, hasta que saque a victoria el juicio".

La palabra "caña" aparentemente se refiere a un instru mento musical que los pastores usaban para calmar a las ovejas y para adorar al Señor. Esta caña era tan frágil que si se rompía, el pastor pasaría horas arreglándola en lugar de pisarla y empezar de nuevo con otra. Así somos nosotros en las manos de nuestro Creador, el cual es nue stro Pastor. Somos tan frágiles, nos rompemos y lasti mamos con tanta facilidad, pero con las manos indicadas y el cuidado correcto, nuestras vidas pueden ser usadas para consolar, animar y calmar a otras ovejas. El, como ese pastor terrenal, pasará largas horas con nosotros, arreglándonos en lugar desecharnos y empezar de nuevo.

El a menudo usa a la gente para reparar a otra personas con Su poder y el uso de Sus dones.

Cuando se ministra a esta víctimas, debe siempre romper el espíritu y poder del agresor sobre ellas. Esto rep resenta a un espíritu inmundo que ha tomado la tarea de oprimirlos (lea II de Pedro 2:19b). También encontrará algunos de los siguientes:

- A. Miedo al ataque y al agresor.
- B. Miedo a la violencia y al dolor.
- C. Miedo a ser desenmascarados.
- D. Miedo de recordar y amnesia.
- E. Miedo a la oscuridad y miedo a estar solo.
- F. Miedo a el éxito y al liderazgo.
- G. Miedo al fracaso (sí, es posible que ambos existan)
- H. Miedo a la notoriedad y al reconocimiento público.
- I. Miedo a las multitudes y a la gente.
- J. Miedo a Dios y a las figuras de autoridad.
- K. Miedo a las emociones y sentimientos.
- L. Miedo a perder el econtrol.
- M. Miedo a la intimidad y a las relaciones cercanas.
- N. Miedo a ser tocado físicamente.
- O. Espíritu inmundo.
- P. Espíritu indigno, no amado, herido y lastimado.
- Q. Inutilidad e inservilidad.
- R. Pobreza y miedo a la pobreza.
- S. Ira, enojo, odio y odio a sí mismo.
- T. Violencia, asesinato y abuso.
- U. Cualquier otro esíritu pertinente a la víctima con la que esté tratando.

Recuerde de orar siempre que Dios sane los recuerdos y emociones de la víctima. Esté advertido que con estas víc timas (y también otros tipos) es improbable que durante su primer tiempo de ministración que Dios exponga cada área que necesita atención, ya que no podrían soportar todas esa áreas al mismo tiempo (vea Deut. 7:22-23). Recuerde que debe ser paciente, Dios está restaurando a una per sonalidad muy frágil y muy dañada. Ellos deben acostum brarse a ser ellos mismos. Más de lo que usted puede entender, ellos necesitan espacio para experimentar con la persona que son en realidad, tiempo para aprender cuales son sus talentos y hablilidades y sus gustos y dis gustos. Pueden estar inseguros de sí mismos, asustados y confundidos.

Dios parece estar diciendo a través de los problemas en el cuerpo de Cristo hoy en día: "Haré todas las cosas nuevas" NO "Haré cosas nuevas".

Cualquiera que sea la categoría donde pertenezcan, las mayoría de las víctimas están tan heridas y dañadas que nuestra primera tarea será el convencerles de que las cosas PUEDEN ser diferentes y SERAN diferentes. No será hasta después de la ministración que usted podrá per suadirlas de que son "buenas", que PUEDEN salir adelante en la vida y que tienen algo bueno para contribuir a las vidas de otros. La mayoría de ellos no pue-de creer que PUEDEN ser felices, que MERECEN la felicidad y que NO ESTA MAL ser feliz o DESEAR la felicidad. Nunca esper aron que Dios hiciera algo por ellos, sólo por los demás. Delante de usted yace una tarea extremadamente difícil, pero en Cristo Jesús, ¡TODO ES POSIBLE!

Capítulo XI
EL ABUSO PSICOLOGICO

Este capítulo trata con las áreas del abuso psicológico. No hay una definición clara ni una norma absoluta para determinar a qué punto la comunicación verbal y no verbal o restricciones y demandas del ambiente se convierten en abuso. Por lo tanto, a causa de su naturaleza nebulosa el abuso psicológico debe clasificarse como el más insidioso de todos. La identificación y el tratamiento se complican y se obstaculizan aún más por las siguientes razones:

I. No podemos definir con certeza lo que puede ser dañino a la mente, las emociones o a la formación de la personalidad, ni podemos poner límites exactos en el uso de la corrección o disciplina.

II. El abuso psicológico no viola ni penetra el cuerpo humano, ni hay señas evidentes como en el caso del abuso sexual o físico, por lo que no deja huellas que se puedan detectar médicamente.

III. Todos los seres humanos han sufrido abuso psicológico hasta cierto grado en algún momento de sus vidas y por ello nos hemos acostumbrado a los efectos asociados con este tipo de abuso. Tendemos a creer y decirle a las víctimas que "así es la vida y hay que acostumbrarse".

Aunque el abuso psicológico no tenga normas definitivas, si deja resultados en las mentes y emociones de sus víctimas, los cuales pueden ser vistos y definidos. Aunque parezca poco probable, las víctimas de abuso psicológico están a menudo más dañadas que las víctimas de abuso físico o sexual. Las víctimas de abuso psicológico no tienen una indicación exacta del momento específico del abuso. Las víctimas de abuso físico o sexual pueden atribuir su abuso y los problemas que este trajo a la violencia o lujuria de ciertas personas en tiempos específicos. Recuerde que ni el abuso físico ni el sexual pueden ocurrir tan seguido como el psicológico.

Los agresores verbales generalmente saben como llevar a cabo su abuso en público y lo hacen tan sutilmente que sólo sus víctimas saben lo que está pasando. Si estas víctimas reaccionaran, a sabiendas del mensaje detrás de la observación, la tendencia para maltratar del agresor aumenta. Aquellos que observan el intercambio generalmente asu men que la víctima es la persona que tiene problemas y que están exagerando, siendo demasiado sensibles, irracionales o simplemente crueles y difíciles de soportar. Esto es muy dañino para el bienestar emocional de las víctimas.

La mayoría de aquellos que usan el abuso psicológico también saben cómo controlar sutilmente el medio ambiente de las víctimas hasta que sólo aquellos que los agresores aprueban tienen acceso libre a las víctimas. Los agresores también tienden a controlar las actividades externas de las víctimas, lo cual aumenta el poder de control de los agresores sobre la vida de las víctimas. Los agresores temen que las víctimas formen relaciones de confianza con líderes, no sea que la figura de autoridad exponga al agresor y sus víctimas queden libres.

La confusión al tratar de evaluar el abuso psicológico aumenta por el hecho de que los agresores a veces también abusan física y sexualmente de la víctima. Si esto pasa, sirve para convencer a las víctimas de que su comportamiento causó mucha de la tensión y frustración que orilló a los agresores a cometer el abuso. Hay muchos agresores psico-lógicos que nunca adoptan otra forma de abuso, pero son tan destructivos verbalmente cuando se encuentran bajo mucha tensión que el efecto en sus vícti mas es el mismo que el del maltrato físico.

Para ayudar a reconocer situaciones potencialmente abusivas debemos entender que el abuso psicológico ocurre no sólo en matrimonios, sino también entre padres e hijos, jefes y empleados, compañeros de cuarto e incluso amigos. Las víctimas siempre formarán por lo menos una relación abusiva. Las víctimas no pueden vivir sin agre sores ni los agresores pueden existir sin víctimas. Si ampli amos nuestras ideas de los tipos de relación que este tipo de abuso puede afectar, algunas situaciones que se nos hubieran escapado podrían venirnos a la mente.

Para propósito nuestro entonces, la definición del abuso psicológico incluye:

1. Cualquier tipo de comunicación crítica, humil lante y consistentemente destructiva para la seguri dad emocional, autoimagen, valor propio y desarrollo de otra persona.
2. Un control del ambiente impuesto artificialmente que convierte a un individuo en el prisionero psi cológico o físico de otra persona.
3. La imposición por parte del agresor de normas o metas excesivamente elevadas lo cual produce sen timientos de fracaso, insuficiencia, odio a sí mismo y vergüenza en sus víctimas.

El abuso psicológico causa heridas tan profundas a la identidad y el valor propio de sus víctimas lo cual les impi de formar CUALQUIER relación sana. Ellos perciben su valor propio bajo ataque en una relación cercana, aún y cuando tal no exista. Tienen una necesidad desesperante de sentirse valiosos, pero no pueden especificar ningún comportamiento que logre este fin tan importante. Las víc timas saben cómo les gustaría ser trata das por los demás, pero a veces se les dificulta saber cómo comunicar esta información a una acción práctica. Se sienten amen zados con facilidad y se sienten inseguros a raíz de la per cepción de cómo son vistos por otros y la forma en que otros perciben su trabajo y responsabilidades. Rara vez se sienten indispensables o apreciados y siempre sienten que le son indiferentes a los demás. Las víctimas generalmente creen (inconscientemente) que el mundo tiene una norma más alta para ellos, donde no hay lugar para errores o imperfección en su desempeño. En esta etapa se sienten completamente exprimidos. Perciben que todos los demás tiran de ellos, demandan respuestas, apoyo y dirección, lo cual lleva a sentimientos de pánico o depresión ya que las víctimas no creen tener ninguno de estos recursos disponibles, ni siquiera para sí mismos. Sienten que los demás se aprovechan de ellos y tratados con indiferencia, lo cual a menudo es cierto.

Recuerde que las armas principales de los agresores son la intimidación y el ridículo; esta combinación única causa que las víctimas traten de desempeñarse y producir en un esfuerzo vano de ganar la aceptación de su agresor. A veces los agresores usan una terce ra táctica y hacen menos a sus víctimas atacando su género o el núcleo de su indentidad. Este ataque hiere tan profundamente que la víctima cuestiona sus bases, conceptos y valores. Si está herida se inflige con frecuencia, la víctima comienza a sen tir tal confu sión que se siente incapaz de llegar a las más simples conclusiones. Empieza a cuestionar sus derechos básicos, llegando a la conclusión de que estos están equiv ocados. Los agresores hasta ahora han ganado tal grado de control que con poca planeación pueden determinar el tipo de trato que sus víctimas esperan recibir de otros, como por ejemplo, un agresor tal vez le diga a su víctima: "Si haces eso, fulano de tal verá lo tonto que eres", su víc tima ya está tan debilitada que acepta esta declaración como un hecho y para no parecer "tonta" la víctima se aparta y no dice nada. Es también posible que la situación se deteriore tanto que las víctimas empiezan a buscar a sus agresores para validación de su sistema de valores, su elección de amistades y sus actividades externas.

Algunos agresores atacarán un área donde las víctimas creen que son débiles o inferiores, como por ejemplo, si ellos por naturaleza son torpes sus agresores empezarán a burlarse de su falta de destreza, lo cual enfatiza su torpeza y permite que los agresores se burlen más de ellos en público. Si tienen limitaciones físicas sus agresores los pondrán en situaciones que proyecten esas áreas sensibles. Tan cruel como es esto, el daño más severo parece ocurrir cuando los agresores atacan áreas de temor o inseguridad en sus víctimas y lo convierten en una broma pública, lo cual produce algunos de los mismos problemas de personalidad que de una violación. Una vez que este método ha comenzado, no hay ninguna oportunidad que se deje pasar para maltratar; los agresores disfrutan de las escenas públicas para reforzar sus insinuaciones. Con frecuencia dirigen las conversaciones para que haya una oportunidad para producir vergüenza, humillación o hacer que la víctima se burle de sí misma. Dado que las víctimas has sido programadas para ser sensibles en estas áreas a menudo se abren al ataque del agresor, así por lo menos tendrán el suficiente control de su vida como para determinar cuándo ocurra el ataque y terminarlo cuanto antes. Este proceso mental inconsciente parece ilógico pero sirve para eliminar algo de la impotencia que estas víctimas sienten.

El abuso psicológico deja a las víctimas en necesidad constante de aliento y de tranquilidad, aún cuando hacen las tareas más sencillas. Los pastores y consejeros deben de estar enterados de esto, ya que por la falta de entendimiento del abuso, estas víctimas pudieran parecer engreídas, queriendo que todos aprecien su trabajo, lo cual no podría distar más de la verdad. Las víctimas verdaderamente necesitan que sus egos sean reforzados. Piensan que simpre fracasarán y que nunca harán algo bien. Estas personas no tienen una idea de su valor, éxitos, apariencia o efecto que tienen sobre otros. Jamás se ven a sí mismos como exitosos, competentes o valuables.

Es difícil concebir que un individuo destruya a otro, pero la destrucción es el producto de ataques negativos constantes. Haga un experimento sencillo: Dígale a una persona vez tras ves que se ve cansada, y antes de que usted crea, esa persona se sentirá agotada, con o sin razón alguna.

¡Qué asombroso es el poder y la verdad de Proverbios 18:21!

"La muerte y la vida están en poder de la lengua, y el alma comerá de sus frutos".

El libro de Exodo nos dice que doce espías fueron enviados a explorar Canaán. Diez de esos espías informaron que los gigantes eran enormes y que los israelitas comparados a ellos eran muy pequeños y sus palabras evitaron que la nación completa conquistara su Tierra Prometida. Los otros espías, Josué y Caleb, estaban deseosos de obedecer a Dios y tomar la tierra, pero todos estaban en su contra. No sólo los otros diez espías comieron del fruto de sus propios labios, sino también sus más o menos tres millones de víctimas. Si entendiéramos el poder de la lengua para crear o destruir quizá seríamos más cuidadosos de lo que hablamos. Recuerde que en Hebreos 11:3 se nos dice que el mundo existe gracias a la PALABRA DE DIOS.

Las víctimas de abuso psicológico no tienen la más mínima confianza en sus talentos y habilidades. Para poder producir una tremenda ansiedad o en algunos casos terror, sólo hay que pedirles que hagan algo frente a los demás. Ellos esperan ser evaluados críticamente siempre y por lo tanto quedar expuestos como fracasos y fraudes. No importa cuán talentosos son nunca ven sus habilidades de manera positiva. Cuestionan el amor y el respeto, creyendo que le serán quitados una vez que su desempeño no esté a la altura que los demás esperan.

Emocionalmente son como una montaña rusa o un paseo frenético. La mayoría del tiempo viven en su propio mundo de fantasía. Ensayan mentalmente conversaciones con la gente en la manera que ellos piensan ocurrirán. Viven una vida de empujar y jalar lo cual aumenta esta experiencia de montaña rusa. En un momento dado están en oración rogando a Dios darles una oportunidad de hacer algo, pero una vez que esta llega, tratan de escapar de la misma cosa que le pidieron a Dios; parece que los temores y la autoimagen negativa de las víctimas se apodera de ellas y creen que Dios tiene la misma persona lidad de sus agresores, por lo tanto, El está permitiendo esta oportunidad con el propósito de exponerlos a la burla y al ridículo público.

Una vez más, si las causas verdaderas no son entendi das, estas víctimas frustrarán a sus consejeros. Podríamos asumir que sus egos son tan grandes y aplastadores que lo único que ellos quieren es ser alabados y que se les ruegue hacer su trabajo. Esto es una falta de entendimiento y causa que las víctimas tengan más relaciones fracasadas, lo cual se encaja más profundamente en el molde de la per sonalidad de víctima y pone sin intención a otra persona en el lugar de posible agresor. Todo porque la persona en liderazgo, sin entender, creyó que estas personas necesita ban tener su orgullo soblegado y ser librados de la igno rancia.

Las víctimas de abuso psicológico a menudo recurren a comportamiento que parece provocativo e irracional debido a la frustración y sentimientos continuos de desespera ción. Tal comportamiento inconsciente puede parecer ilógi co a un observador objetivo, pero sirve a menudo para darle al agresor la excusa que necesita para atacar. Estas vícti mas acostumbran ponerse en una posición para recibir más maltrato y experimentar más fracasos.

Existe un ciclo inconsciente entre los agresores y sus víctimas el cual funciona de esta manera:

1. Los agresores necesitan a quien culpar por sus acciones, por lo que empujan a sus víctimas a un mal comportamiento para poder castigarles.
2. Las víctimas necesitan una excusa por su com portamiento para disculpar el maltrato y hacer que parezca justo.
3. Los agresores necesitan creer que el abuso es jus tificado y que le están haciendo un favor a la víctima al convertirlos en una persona mejor.

4. Las víctimas necesitan la seguridad de saber cuál comportamiento romperá la tensión y causará que el abuso ocurra.

5. Las víctimas necesitan deshacerse de la culpa que han acumulado por ser gente mala.

Las víctimas de abuso psicológico, así como las víctimas de otros tipos de abuso, parecen necesitar la aprobación de sus agresores originales. No tienen paz consigo mis mos hasta que han conseguido cierta cantidad de aprobación de esa fuente de maltrato. Están dispuestos a hacer lo necesario para conseguir esa aprobación, pero en la may oría de los casos eso no se logra. Por ejemplo, sienten la necesidad de consultar con sus agresores antes de tomar decisiones importantes; parecen decir: "¿Ves cuánto te val oro, no significa eso nada para ti?" También esto puede ser intento para obtener seguridad a raíz del deseo de comu nicar mensajes como estos:

1. " Si sigo tus consejos, yo también tengo valor".
2. " Yo también soy alguien de quien puedes estar orgulloso".
3. "Me siento seguro ahora que estoy haciendo todo lo que piensas es correcto".

La mayoría de las veces esta táctica tiene el efecto opuesto, ya que los agresores asu men cada vez más con trol, robando a las víctimas de más dignidad y valor pro pio. Si los agresores no son los cónyugues, sino otros miembros de la familia, los cónyugues pierden su influen cia en el hogar y deben aceptar las posiciones inferiores, terminar la relación con las víctimas o luchar para volver a ganar influencia. Los cónyugues generalmente pierden, pero nunca sin antes dividir a la víctima en dos y hacerla recibir una carga nueva de culpa. Ya que la mayoría de las víctimas ya están convencidas de que son responsa bles por todo y todos, este problema nuevo sólo los convence más de su fracaso; les dice a voces que son incapaces de sostener relaciones sanas y se convencen más que todos echarán sus cargas sobre ellos o los echarán a ellos fuera de sus vidas.

Cuando los agresores iniciales ya no están en el panorama, el problema no termina ya que las víctimas buscan a agresores substitutos. Ellos forman estas relaciones para validar sus logros, pero las figuras de liderazgo que escogen serán también abusivas lo que hará que el ciclo comience de nuevo. Sus problemas se complican ahora por hechos que se vuelven realidad en todas las víctimas sin importar el tipo de abuso inicial. A estas alturas las víctimas han desarrollado una necesidad psicológica de maltrato. Saben cómo provocar el abuso, aún de aquellos que no son agresores. Cuando establecen relaciones, las víctimas son atraídas a aquellos que son agresores.

Tristemente, aunque las víctimas reciban la aprobación de los substitutos, la manera en cómo se ven ellos mismos nunca se altera permanentemente. Se ven a sí mismos valiosos sólo cuando alguien les dice que lo son, nunca porque se sienten así en su interior. Sólo el poder de Dios puede cambiar su autoimagen.

Algunas víctimas de abuso pondrán una meta y se dirán: "Si llego a realizar 'esto' tendré valor y utilidad" pero el anhelo de maltrato y castigo se ha vuelto tan poderoso que si no hay otros agresores a su alrededor ellos se convierten en sus propios enemigos. Nunca permitirán que la meta se lleve a cabo con éxito y sus razones parecerán muy lógicas. Algunas de las maneras más frecuentes en que las víctimas sabotean sus propias metas son:

1. Encontrarán una forma al último momento de tornar un éxito seguro en un fracaso inesperado.
2. Durante el proceso de completar la meta exitosamente se pondrán metas más ele vadas para asegurar la frustración.
3. Tomarán deliberadamente demasiada responsabilidad o se extenderán demasiado en áreas más allá de sus habilidades.

Lo que es tan difícil de entender es la cantidad de dolor interno que estas víctimas están dispuestas a sufrir, tanto conscientemente como inconscientemente. Sin embargo, hay veces en que las víctimas se levantan y ponen un límite a lo que han de aguantar, generalmente cuando han llegado a un punto donde ya no pueden tomar más. En ese momento pueden encontrar a alguien que tiene más autoridad, más fortaleza o alguien a quien sus agresores temen o respetan, a la cual se le permite interceder y romper el ciclo de abuso. Curiosamente esto no viola su necesidad de abuso ya que todavía tienen a alguien como autoridad sobre ellos para controlar sus vidas. El producto de esta liberación momentanea es que se desarrolla más culpa. Creen que han traicionado a sus agresores así que pasan tiempo y esfuerzo adicionales tratando de compensarles, por lo tanto aún la liberación puede ser una forma de abuso. De hecho este descanso de la tensión exterior generalmente termina fortaleciendo el control de sus agresores e intensifica el desprecio con el que las víctimas se ven a sí mismas.

Génesis 16:4-6 registra uno de los primeros casos de abuso psicológico en la Biblia: la rivalidad entre Saraí y Agar. La situación creció en intensidad cuando Saraí, quien no tenía una personalidad de víctima, inmediatamente pidió permiso para reaccionar y al recibirlo, una vez más tomó el control. Note que en el versículo 4 que cuando Agar descubrió que estaba embarazada despreció a Saraí. Esta palabra "despreció" se usó una sola vez más cuando Saraí la repitió al pedirle a Abram el derecho para defenderse. Su significado es "disminuir, tratar con desprecio, maldecir o afligir". Aparentemente Agar empezó a atacar a Saraí y a hacerle la vida miserable, pero por desgracia Saraí respondió de la misma manera para recobrar el control de su sierva.

El problema no terminó allí. La amargura de Agar parece haber moldeado la naturaleza de su hijo. En Génesis 21:9 encontramos a Ismael burlándose de Isaac el día que este fue destetado. El significado completo de la palabra "burla" como es usada aquí es irrisión y burla. Gálatas 4:28-29 se refiere a este incidente como persecución. El progreso parece ser que cuando el pecado de duda e incredulidad entró en la vida de Saraí abrió también la puerta al abuso.

¿No es interesante que así como la rebelión, el abuso también entró al mundo como un resultado del pecado? Una vez aquí, este ciclo de abuso nunca se fue sino que fue transmitido al hijo de Agar y ha afectado al hombre de generación en generación desde entonces.

Una vez que el patrón de abuso entró al mundo del hombre empezó a aparecer con más frecuencia y en varias formas. En una serie de incidentes registrados sobre la vida de Rebeca, encontramos a Esaú usando un arma única en la guerra psicológica. Primero, Génesis 26:34-35 registra el hecho de que las esposas que Esaú escogió le causó a Isaac y a Rebeca "*amargura de espíritu*". Esta frase significa persecución, dificultad y amargura. Se sugiere en escritos antiguos que esto incluía batalla con y rebelión en contra de las creencias religiosas de Isaac y Rebeca. ¿Sería de asombro alguno que Satanás expandiera las áreas de abuso? ¿Qué acaso este abuso no empezó mucho antes cuando Esaú despreció su primogenitura?

Génesis 27:46 registra la profundidad de la depresión que el abuso de Esaú y sus esposas trajo a la personalidad de Rebeca. Ella confesó que el trato de ellas hacia ella la hacía querer morirse para escapar del efecto de su influencia.

En Génesis 28:8-9 Esaú logró traer el abuso a un nuevo nivel de intensidad, trayendo a la hija del primer agresor de su padre para que la familia enfrentara el hecho por el resto de sus vidas.

Mientras estos eventos se desplegaban, los patrones de abuso psicológico y sus efectos son fáciles de rastrear. Primero, un joven atacó los valores que consagraban su familia a Dios. Lo encontramos cambiando su primogenitura por comida, su concepto del valor de esta, como se encuentra registrado, es que él la despreció. ¡Cuánto dolor y angustia debe haber causado eso! Después trajo mujeres a la carpa familiar las cuales se rebelaban y se burlaban abiertamente de sus padres hasta que Isaac y Rebeca empezaron a mostrar los efectos del abuso:

1. Amargura (¡cuántas veces las víctimas expresan amargura y odio contra sus agresores!)
2. Corazones inquietos (hoy en día lo llamamos ansiedad o tensión, los cuales son resultados poderosamente destructivos del abuso)
3. Persecusión (hoy en día llamamos mártires a aquellos que soportan tal abuso)
4. Depresión.
5. Desesperanza.
6. Suicidio.
7. Recuerdo constante de los fracasos del pasado.
8. Apertura constante de los dolores y las heridas del pasado.

Considere ahora la relación entre Ana y Penina, la cual se encuentra en I Samuel 1:2-18. En el versículo 8 Penina es descrita como la rival de Ana; ella provocaba a Ana a las lágrimas por el hecho de que Ana no podía tener hijos. Los resultados del abuso psicológico en esta situación se presentan como sigue:

1. Llanto intenso y constante.
2. Pérdida de apetito.
3. Pena del corazón.
4. Profunda depresión.
5. Inferioridad.
6. Falta de habilidad para sentirse digna aunque fuera la esposa favorita (la aprobación NO fue expresada por el agresor)
7. Amargura del alma.
8. Desesperación (fue delante de Dios para rogarle un cambio)
9. Malentendida y humillada en público.
10. Dispuesta a tomar medidas radicales para terminar con la causa del abuso.

Mientras sus ministerio a personas maltratadas progresa, uno de sus descubrimientos más sorprendentes será encontrar síntomas de otros tipos de personalidad presentes en las víctimas de abuso. En otras palabras, tratar con personalidades de víctimas es extremada mente com plicado. Puede encontrar que tratar con víctimas de abuso psicológico es más complejo, ya que estas víctimas no tienen eventos traumatizantes a que señalar como la fuente de sus problemas. Ellos tratan de compensar sus luchas interiores al involucrarse en reacciones complejas, confundiendo la verdadera fuente de su problema, es decir, ellos (inconscientemente, por supuesto) presentan una respuesta tras otra tratando de protegerse. Como otras víctimas, tienen miedo de que si la verdad saliera a la luz, los demás esta rían de acuerdo con la opinión de sus agresores. Creen que todos estarían de acuerdo de que su trato estaba dentro de lo normal, que ellos fueron débiles e irracionales en sus reacciones.

Alguna veces es difícil evitar estar más frustrado con estas víctimas que con otras. Con frecuencia creemos que si tan sólo ellos fueran más fuertes podrían compensar por este tipo de abuso, después de todo no ha ocurrido ningún daño físico. En los últimos años ha habido una tendencia en el cuerpo de Cristo de pasar por alto la parte emocional del hombre, pero lo que logramos es pasar por alto una tercera parte de cada persona creada a la imagen y semejanza de Dios Todopoderoso. Enviamos a la gente en una relación de amor con el Dios Viviente y entonces les decimos que ¡ignoren ese amor, que no lo sientan y no respondan a él! Con razón existe ese nivel de frustración y muerte en el cuerpo hoy en día. El daño que este punto de vista no hace se completa con la falta de ministerio para las emociones dañadas. ¿Cómo podemos esperar que la iglesia se emocione con nuestro Dios? Por un lado decimos: "Cuidado, no se dejen llevar, no se puede uno fiar de los sentimientos" y por el otro lado decimos: "Adoren y amen al Señor como la esposa ama al esposo", y mientras tanto no ofrecemos sanidad para los sentimientos, los temores y las emociones enfermas que mantienen a muchos en el dolor y tumulto. Con frecuencia tienen miedo incluso de pedir ayuda porque la iglesia ha declarado que la emoción es carnal, no espiritual y hasta vergonzosa.

A continuación hay una lista de algunas características de víctimas de abuso psicológico. Esté alerta a estas:

1. Miedo a formar una relación cercana con Dios porque El no es digno de confianza.
2. Sentir que sólo pueden recibir castigo de Dios.
3. Falta de entendimiento de las normas para el comportamiento de Dios y creencia de que siempre fallarán.
4. Falta de habilidad para recibir el amor de Dios o de amarse a sí mismos.
5. Dificultad para expresar emociones.
6. Miedo a la crítica o evaluación de cualquier tipo.
7. Miedo a la autoridad y cualquiera en autoridad.
8. Una convicción honesta de no poder hacer nada que para llegar a las metas fijadas.
9. Exceso de sensibilidad a una debilidad o impedimento.
10. Necesidad intensa de apoyo, pero sin ninguna señal de que la confianza se esté estableciendo.
11. Siempre asumiendo la culpa por cualquier problema o situación, especialmente aquellas que involucran a figuras de autoridad.
12. Pensarndo siempre mal de sí mismo.
13. Tener la opinión de una sola persona como norma verdadera.
14. Siempre tratando de ser perfecto.
15. Tratar de agradar a una persona en particular, aún a través de comportamiento irracional.
16. Tristeza profunda sin causa alguna.
17. Una batalla constante con la baja autoestima y valor propio.
18. Una batalla constante contra pensamientos negativos.
19. Disponibilidad para recibir crítica fuerte y no merecida de una persona.
20. Lenguage corporal que expresa: "Lamento existir".
21. Muchas de las características de las víctimas de abuso físico.

Al ministrar a estas víctimas, rompa el espíritu y el poder del agresor sobre ellos. También rompa el poder de las palabras habladas sobre las víctimas. Otros espíritus que pudiera encontrar son:

1. Miedo a la gente.
2. Miedo al fracaso y fracaso.
3. Miedo a la autoridad.
4. Miedo al éxito.
5. Miedo a ser desenmascarados.
6. Odio a sí mismo.
7. Inferioridad.
8. Falta de valor.
9. No amado y no deseado.
10. Rechazo y miedo al rechazo.
11. Dañado y lastimado.
12. Depresión.
13. Desesperanza e impotencia.
14. Suicidio.
15. Pena y lamento.
16. Negativo (es correcto)
17. Dolor o la necesidad de dolor.

Cuando la ministración progresa, los espíritus que son específicos al grado de abuso psicológico sufrido serán obvios y deberá tratarse con ellos. Ponga atención en particular a los diferentes miedos presentes, los cuales dependen del método de control usado por el agresor. La lista variará si los agresores infligieron también abuso físico o sexual. Como con las demás víctimas, estas probablemente fueron maltratadas durante su infancia. Rompa el espíritu y poder de los agresores originales y ministre a cualquier área que se relacione con el maltrato inicial.

Por favor lea con cautela la sección sobre cuidado posterior. Estas "víctimas" necesitarán un cuidado amoroso y mucha paciencia mientras su sanidad completa se manifiesta.

Capítulo XII
EL ABUSO CONYUGAL

El abuso conyugal es uno de los problemas de mayor crecimiento que afectan a las familias americanas de hoy en día, por lo tanto esta sección sobre la personalidad de la víctima no estaría completa sin considerar esta conduc ta perturbante. Estas situaciones familiares se están volviendo más complicadas y ganando más atención de la prensa nacional mientras que los profesionales que con frecuencia tratan con la gente en crisis se dan cuenta del grado extremo del daño. Algunas personas parecen tener un deseo com pulsivo de tener una relación abusiva en sus vidas y mientras este problema se observa y se trata cada vez con más frecuencia, nos damos cuenta que ese tipo de abuso cíclico al que nos referimos como abuso conyugal ya no se limita tan sólo al matrimonio. El abuso está ocurriendo entre novios, entre compañeros de cuarto, entre amigos y hasta en el lugar de trabajo. Estamos lle gando a entender que la víctima incluso llega a maltratarse a sí misma si no hay un agresor a la mano. Este capítulo no intenta proveer un estudio com pleto sobre este prob lema, ni cada síntoma es explicado, ni las variaciones de cada ciclo del abuso, sólo trataremos de cubrir una var iedad de causas y los síntomas indicados en su orden de severidad.

Es importante tener en cuenta que el agresor tiene muchos problemas y necesita tanta ministración como la víctima. Ellos generalmente están casados, saliendo o viviendo juntos debido a estos problemas de larga duración. (La única excepción parece ser la persona cuya herencia espiritual incluye una personalidad de víctima, pero que de alguna forma fue inmune a esa parte de su herencia.)

Aunque el problema no es nuevo (hay por lo menos dos casos en la Biblia) ha llegado a preocupar a los profesionales prominentes del país. No pasan muchos días sin las noti cias de un asesinato o intento de asesinato debido al abuso conyugal. ¿Ha notado el gran número de noticieros y documentales que tratan del síndrome de esposa o esposo maltra tado? ¡Esto es considerado como una defensa en algunos asesinatos familiares! Considere esto: ¿Cuánto tiempo pasará antes de que esto se convierta en una defensa válida en casos de asesinato o intento de asesinato de novios, compañeros de cuarto o jefes?

Grandes segmentos de la sociedad reconocen el daño severo que el abuso físico y psicológico pueden causar, no sólo al cuerpo, sino también a la mente, voluntad y emo ciones, ¿es entonces de extrañarse que el comportamiento de la víctima se altere seriamente cuando alcanza su nivel de tolerancia? Nosotros sugerimos que el alma de una per sona que ha experimentado abuso en cualquier forma queda tan marcada que sólo el poder de Dios puede sum inistrar sanidad. Sin embargo, para lograr una restau ración completa habrá necesidad de cuidado continuo y apoyo de parte de las personas que misnitren a la víctima y de la familia cristiana.

¿Cuántas veces se leen revistas y artículos en los per iódicos que tratan del problema vez tras vez pero con poco o sin éxito real para llegar a una solución? Como líderes y pastores, ¿cuántas veces se tiene uno que enfrentar a esos problemas? Con toda honestidad nos sentimos total mente inadecuados para enfrentar estas situaciones tan enormes y complejas, y nos inquieta, confunde y perpleja aún más el saber del maltrato en las vidas de pastores y líderes y sus familias. Sin embargo hay una gran esperan za y lib ertad al alcance al momento en que confesamos nuestras insuficiencias, sin importar el hecho de que se supone que ya debemos tener todas las respuestas. ¡ALABADO SEA DIOS!

Parece haber ciertas preguntas que se hacen con frecuencia a aquellos que han vivido una situación de abuso. Permítanos hacer una lista de algunas y después tratar con ellas para poder empezar a entender por qué el abuso se ha extendido tanto.

1. ¿Por qué permanecen estas víctimas en situaciones abusivas ahora que el divorcio se ha vuelto tan común?

2. ¿Era el compañero abusivo antes del matrimonio o compromiso?

3. ¿Qué atrajo a la víctima a su agresor?

4. ¿Cómo se ven las víctimas a sí mismas? ¿Cuál es su nivel de valor propio?

5. ¿Por qué las víctimas no reportan su problema a alguna agencia social o a la policía?

6. ¿Qué es lo que hace que las víctimas guarden su situación en secreto incluso de su familia y amigos?

7. ¿Cuál es la razón por la que las víctimas niegan el abuso cuando alguien entrenado para reconocer los síntomas les pregunta?

8. ¿Hay algún daño en los niños que viven en dicho ambiente? Si lo hay, ¿por qué no se pide ayuda por el bienestar de los niños?

9. ¿Cuáles son los mayores temores de la víctima? ¿Por qué muchas víctimas crean redes tan extensas para proteger al agresor?

10. ¿Qué es lo que produce en la víctima los sentimientos intensos de culpa y responsabilidad por las acciones del agresor?

11. ¿Qué es lo que causa que un ser humano crea que tiene algún derecho para abusar de otro ser humano?

12. ¿Cómo se sienten los agresores de sí mismos y de las vítimas?

13. ¿Quién está en control de la situación, la víctima o el agresor?

14. ¿Están tanto la víctima como el agresor en la situación porque la disfrutan o reciben alguna satisfacción de ella?
15. ¿Qué pasa si uno de ellos pide ayuda y el otro no?
16. ¿Cuáles cambios han ocurrido en la familia para causar este problema o incluso permitir que este exista?
17. ¿Qué puede hacerse por la víctima y el agresor?

PREGUNTA 1

¿Por qué permanecen estas víctimas en relaciones abusivas ahora que el divorcio se ha vuelto tan común?

Se tiene que investigar las conecciones entre los traumas emocionales y experiencias de la vida. Gran parte de las víctimas viviendo en situaciones abusivas (ya sean mentales, físcas o sexuales) tienen por lo menos una raíz en común. Las raíces más generalizadas son:

A. Sufrieron abuso de algún tipo mientras crecían y recibieron poca ayuda antes de formar esta relación abusiva.

B. Crecieron observando frecuentes encuentros de alguna forma de abuso en sus familias.

C. Uno o ambos de sus padres eran adictos o compulsivos, con todos los efectos de ese tipo de personalidad.

D. Sufrieron un trauma por algún evento o eventos traumáticos, lo cual destruyó su valor propio.

E. Su herencia espiritual incluye una personalidad de víctima por lo que constante mente se involucran con agresores sin razón aparente. (Por favor note la excepción al principio de este capítulo. Para una explicación completa acerca de la iniquidad here dada, refiérase al capítulo sobre la iniquidad.)

Como se ha explicado en los capítulos anteriores acerca del abuso físico, psicológico y sexual la personalidad de la víctima queda torcida como consecuencia del abuso y la restauración requiere del poder de Dios para traer libertad y sanidad a la mente, voluntad, emociones y espíritu del individuo. Si la víctima no recibe esta libertad, crece con ven-cida inconscientemente (influenciada fuertemente por espíritus demoniacos) que merece maltrato habitual porque es mala de nacimiento o inferior. Estará convenci da de que sin el abuso no se puede confiar en que se com porte en una forma aceptada por la sociedad. A menudo el abuso o la amenaza de abuso funciona como una estruc tura para sus víctimas, aunque resulte difícil de entender, la víctima siente que la vida continúa en un patrón cómodamente seguro solamente cuando el agresor se encuentra en el panorama. Así que sin darse cuenta las víctimas atraerán a por lo menos un agresor de algún tipo a sus vidas, ya que todas las áreas en las cuales la víctima necesita la libertad de Dios funcio nan como imanes para atraer a aquellos que tienen una necesidad de maltratar.

Otro hecho interesante es que la mayoría de las vícti mas se convertirán en agresores si se dan las circunstan cias adecuadas, esa es una razón por la cual la mayoría de las estadísticas publicadas prueban que más del 95% de los niños maltratados se convierten en padres abusivos.

Por lo tanto, cuando las víctimas no pueden explicar por qué NO PUEDEN dejar a sus agresores o por qué regresan a ellos cada vez que se van a pesar de la lógica y el apoyo de uno, ellos están siendo más sinceros de lo que podamos entender. Uno tiene que com prender el poder del ataque a sus mentes, voluntades y emociones de estos malvados es píritus, así como también el poder para empujar y jalar. Con frecuencia es imposible que estas víctimas tomen decisiones inteligentes y mucho menos que se apeguen a ellas. Sen timos que la existencia de esto espíritus es la razón por la que algunas víctimas no pueden intentar sep ararse de sus agresores o en otros casos se divorcian del agresor sólo para casarse con otro agresor. ¡Hemos trata do con una de estas víctimas quien estaba casada con su quinto agresor! Esto también explica por qué los refugios para mujeres maltratadas ven tan alta incidencia de regre so en las mismas víctimas, la cual es uno de los principales factores de frustración y agotamiento para aquellos que trabajan con estas víctimas.

PREGUNTA 2
¿Era el cónyugue agresivo antes del matrimonio o compromiso?

Es común que la víctima tuviera un indicio de la naturaleza del agresor, pero para poder ser justos con la víctima se deben considerar varios factores. Uno debe tener cierto grado de comprensión y compasión de cómo y por qué se metieron en semejante lío cuando los síntomas eran obvios aún para los que observaban desde afuera. Esto debe ayu darle también a entender el por qué la gente hace elec ciones en contra de su consejo.

A. Muchas veces las víctimas no se dan cuenta de que el trato abusivo no es verbal, ya que este fue el patrón en sus familias y lo que recibieron mientras crecían.

B. Han experimentado trauma y abuso hasta el punto de ahora aceptarlo y esperarlo. Creen que hay algo malo en sí mismos.

C. Sus años de formación estuvieron llenos de abuso psicológico y tanto daño a su propia imagen que ahora aceptan las relaciones abusivas como lo mejor que hay para ellos.

D. Creyeron que podrían cambiar la conducta del agresor.

E. Esos espíritus sirvieron como fuerza de atracción que no importó lo que la víctima percibiera, ya que no pudieron resistir su atracción a los agresores.

F. Las víctimas creían que si las cosas marchaban bien entonces algo terrible estaba por suceder, por lo tanto ELLOS mismos arreglaron algo terrible, los siempre presentes agresores, lo cual les da un sentido de control en sus vidas aunque los procesos mentales sean inconscientes.

G. La habilidad de las víctimas para evaluar objetivamente la conducta del agresor se encuentra impedida seriamente. Es una ilustración triste pero cierta de la ceguedad del amor.

Ahora vamos a introducir varias posibilidades que le frustrarán cuando trabaje con víctimas de abuso o con los mismos agresores. Muchos pastores y consejeros han sido tan lastimados o casi destruídos por tantas de estas víctimas que se han retirado completamente de la batalla. Este problema afecta a muchos en el cuerpo de Cristo, incluyendo a líderes y es una de las armas más eficaces de Satanás. El bien sabe que si puede mantener a tantas personas atadas, frustradas y causando dificultades entre los hijos de Dios, entonces nosotros mismos limitaremos el poder de la iglesia en el mundo hoy en día.

Por lo tanto, nosotros que tenemos la oportunidad de ministrar no sólo la libertad de Dios sino también Su sanidad tanto a la víctima como al agresor, debemos entenderlos. Ellos a menudos se sienten fuera del control de sus vidas, sus elecciones y su comportamiento; están frustrados consigo mismos tanto como lo están con usted. Sus niveles de frustración y miedo son tan altos que a menudo empujan fuera de su camino a aquellos que están tratando de ayudarlos o intentan hacer de sus consejeros los villanos responsables por todos los problemas y malas elecciones de las víctimas e incluso responsables del comportamiento de los agresores.

Otro obstáculo al trabajar con víctimas o agresores es que tienen la tendencia de demandar todo su tiempo y atención. Si eso no es posible, querrán que usted se sienta culpable por el tiempo que no les ha atendido y si tal situación ocurriera, esté consciente de que las víctimas no son personas terribles, así como usted no es un consejero manipulador o dominante. Los espíritus que los influencían les traen tal temor y confusión que las pobres víctimas no se atreven a confiar en sus propias habilidades para tomar decisiones correctas. Parecerá también que actúan de sus sentimientos de envidia o malicia contra usted y sus esfuerzos para ayudarlos. De hecho, ellos tienen una gran necesidad de apoyo emocional y sienten que todas las cosas que han sido una declaración positiva de su valor o utilidad en sus vidas han sido removidas. La mayoría de la gente con estos problemas creen que ya que hay algo malo en ellos, cualquiera que los llegara a conocer en verdad no los encontraría agradables, no aprobaría lo que son, se avergonzaría de ellos, desconfiaría de ellos o se cansaría de estar en su compañía y se iría a buscar a alguien más aceptable, por lo que ven cualquier cambio en el tiempo que usted pasa con ellos como un reflejo de ellos.

PREGUNTA 3
¿Qué atrajo a la víctima a su agresor?

La mayor parte del tiempo la razón de su atracción mutua es totalmente inconsciente. Cuando se les interroga responden con un "no sé" o una respuesta ilógica. Sin embargo, la verdad se encuentra primero en el ámbito espiritual y después en el ámbito de la personalidad marcada y dañada. En el ámbito espiritual encontramos "lo profundo llamando a lo profundo" lo cual significa que los espíritus que han influido en la mente, voluntad y emociones de las víctimas atraen a los espíritus que influencian la mente, voluntad y emociones de los agresores. A estas dos personas involucradas les parece que el destino o las circunstancias los unió y que no pudieron hacer nada contra ello.

También las víctimas tienen una opinión tan pobre de sí mismas que se sienten más cómodas con alguien que tiene las mismas opiniones de sí mismo. Necesitan a una persona que traiga un balance a las áreas de éxito o aprobación y la única manera en que las víctimas pueden permitir un área de éxito es recibiendo abuso en otra área. Si ese abuso no es provisto por alguien más, ellos mismos empiezan a construir su fracaso.

Los agresores, por otro lado, a raíz de sus propios problemas de inseguridad y baja autoestima requieren a alguien a su alrededor sobre el cual puedan "enseñorearse" y maltratar de una forma u otra, lo que les ayuda a ganar algo de valor propio.

PREGUNTA 4

¿Cómo se ven las víctimas a sí mismas? ¿Cuál es su nivel de valor propio?

La mayoría de las víctimas se ven a sí mismas con un fracaso. Creen en verdad en que una vez que uno los llegue a conocer mejor no los encontrará agradables, pensará que son aburridos, se dará cuenta de que sus capacidades son menores de lo que uno pensó, descubrirá que son malos y que deben evitarse o castigarse y que estará de acuerdo que las calamidades los siguen naturalmente. Están seguros de que uno concluirá que ellos no merecen nada bueno y que si algo bueno les llegara entonces algo terrible pasaría pronto para emparejar las cosas. Ellos esperan que uno se de cuenta que ellos provocan la mala conducta de sus agresores y que si los agresores estuvieran con alguien más todo sería completamente normal.

PREGUNTA 5

¿Por qué las víctimas no reportan su problema a alguna agencia social o a la policía?

Para poder contestar esta pregunta debemos explicar cómo la manera de pensar de las víctimas se ha vuelto tan confusa y distorsionada que aún las conclusiones más sencillas se encuentran fuera de su alcance.

A. Ya que la mayoría de las víctimas erróneamente asumen que sus agresores se hubieran comportado normalmente con los demás, ellas creen que cual quiera al que reporten el abuso los culpará automáticamente por el problema. ¡Esto pasa seguido!

Este "razonamiento" viene como resultado de lo siguiente:

   1. Los agresores continuamente le dicen a las víctimas que sus acciones provocaron el abuso y

que este fue el castigo que ellos mismos se buscaron.

2. Los agresores continuamente indican que la debilidad de la víctima conduce a tensiones intolerables para el agresor.

3. Los agresores continuamente le recuerdan a sus víctimas que ellos sí son amados y respetados por los demás.

4. Ya que la mayoría de las víctimas adultas pasan muchos años de su juventud como víctimas, la falta de amor propio que viene como resultado causa que ellos acepten la culpa por el abuso.

El hecho de que las agencias policiacas, cortes y departamentos de servicio social por tantos años tuvieron sus reservas para involucrarse en casos de abuso doméstico, ha reforzado las convicciones de las víctimas de que nadie les creerá de todas formas. Afortunadamente la situación está cambiando y se le está prestando más atención al tema del abuso.

La mayoría de las víctimas vieron a la iglesia con falta de preparación para tratar con situaciones de abuso y que la gran parte de los líderes se intimidaban con la situación. Por años la iglesia ha estado cegada al abuso que sucede dentro, y si un caso se convertía en ineludible, sería tratado como una excepción y tanto la víctima como el agresor teminarían más frustrados y lastimados que antes.

B. Tal ciclo de temor ha sido formado por los agresores y las víctimas están convencidas de que el abuso sería mil veces peor si lo reportaran.

Si los agresores sospechan que sus víctimas apenas le insinuan a alguien (familiar, amigo, pastor o vecino) la verdad, el abuso se vuelve más brutal e intenso. Es raro que una víctima haga tales insinuaciones en primer lugar, pero después las víctimas empiezan a razonar de acuerdo a esto: Si el abuso se ha vuelto ASI de malo y no hice nada, ¡ya me imagino que horrible sería si en realidad le dijera a alguien!

C. Si hay niños en la familia, los agresores con frecuencia convencen a sus víctimas que si reportan el abuso o abandonan el hogar:
 1. Las autoridades se llevarían a los niños.
 2. Los agresores obtendrían la custodia.
 3. Los agresores desaparecerían con los niños.

Tomando en cuenta que la mayoría de las víctimas ya se sienten inferiores e inaceptables en la sociedad, uno puede ver cuan fácil es para los agresores de convercerles de que perderían todo. Los agresores tamibién exigen lealtad de los niños basado en:
 1. Miedo al agresor.
 2. Refuerzo constante de la inferioridad del niño.
 3. La necesidad de los niños de obtener la aprobación del agresor para su valor propio.

D. Los agresores generalmente convencen a sus víctimas que toda la familia, aún el resto de sus parientes, amarán a los agresores y los defenderán ante las autoridades.

Esta opinión puede formarse con éxito, aislando a las víctimas y convenciéndolas de aceptar la responsabilidad por su retiro. También se puede lograr porque la gente sujeta a tal abuso ha vivido aí por años y suponen que eso es normal. Algunos consejeros se inti midan con los agresores o aún peor temen que si interfieren perderán contacto alguno con las víctimas. Tal vez no entiendan por qué las víctimas toleran tal maltrato en primer lugar y concluyen que ellas deben querer que este continúe. Todo que estas reacciones hacen es reforzar la creencia de las víctimas de que nadie se levantará a defenderlos.

E. Los agresores convencen a las víctimas de que serán ellas y no los agresores las que serán encerradas.

F. Si el abuso es sexual o psicológico, las víctimas son convencidas por los agresores de que el abuso no podría comprobarse.

Esto es más evidente en los casos de abuso sexual si las personas involucradas son mayores de edad, casadas o en una relación de noviazgo. Los agresores convencen a las víctimas de que lo que sucede entre adultos no está regularizado por ninguna ley o estatuto, pero eso no es cierto. Hay muchos casos que han sido juzgados y han GANADO en casos se violación conyugal o de noviazgo.

G. Si el abuso ocurre en el trabajo o en una amistad los agresores convencen a sus víctimas de que nadie tomará en serio la situación y que las víctimas serán vistas como tontos débiles.

Esto ocurre con frecuencia en nuestra sociedad. Las víctimas no son vistas como personas que necesitan ministración, tendemos a juzgarlas duramente y esperamos que ellas mismas se salgan de cualquier relación problemática, ¡después de todo estamos en los Estados Unidos y son libres! Su estancia es malinterpretada como el querer maltrato.

PREGUNTA 6

¿Qué es lo que hace que la mayoría de las víctimas guarden su situación en secreto incluso de su familia y amigos cercanos?

La mayoría de las víctimas tienen miedo de que si las personas en quien confían les creen, demandarán inmediatamente que las víctimas hagan also respecto a su situación. Esto es imposible en la mente de la mayoría de las víctimas por una de las siguientes razones:

A. Se sientenfente dependientes de los agresores y no creen poder existir sin ellos.

B. Si esto sucede dentro del matrimonio o noviazgo, ellos honestamente creen estar enamorados profundamente.

C. Creen que la persona en la que han confiado confrontará al agresor, lo cual causará la ruptura de todo contacto entre ellos a causa de los agresores.

D. Algunos dudan en exponer a los agresores porque no quieren que ellos sean encontrados desagradables o no aprobados.

E. Las víctimas sufren tal vergüenza y culpa que tienen miedo de perder el amor, apoyo y respeto de cualquiera al que le dijeran lo que pasa. Esto en sus mentes es un precio demasiado alto para pagar.

F. Las víctimas tienen miedo de que su "traición" llegue a oídos de sus agresores y que resulte en represalia y que el abuso se intensifique.

G. Si esta es una situación de trabajo, noviazgo, amistad o de compañeros de cuarto, las víctimas tienen miedo de que si se les cree obtendrán poca o ninguna ayuda ya que todos sugerirán que reciba consejería. Por lo tanto, creen que los agresores saldrán sin castigo o sin ningún estigma en su contra mientras las víctimas cargan con todo el peso.

PREGUNTA 7

¿Cuál es la razón por la que las víctimas niegan el abuso cuando alguien entrenado para reconocer los síntomas les pregunta?

Las víctimas tienen temor a lo desconocido y a la vida sin el agresor, especialmente en el matrimonio. También les preocupa lo que se requerirá de ellos legalmente y esa preocupación se vuelve más evidente en la relación con sus jefes. Además tienen mucho miedo a las represalias.

PREGUNTA 8

¿Hay algún daño a los niños que viven en tal ambiente? Si lo hay, ¿por qué no buscan ayuda por el bienestar de los niños?

SI , ¡hay daño para los niños, el cual es frecuentemente extensivo y dificil de tratar! En esto se ve la razón del por qué vemos tantas situaciones abusivas repitiéndose generación tras generación. Entre más tensa y exposiva se vuelve la familia americana con más violencia los miembros se sienten libres de tratar uno al otro. Casi parece que tenemos en nuestras manos una generación de adultos la cual siente completa libertad para actuar sus frustraciones y agresiones sobre los demás. Entre más violencia observen los niños en estas situaciones más se repetirá esta conducta cuando se conviertan en adultos.

Es cierto que sin el poder de Dios hacemos a los demás exactamente lo que se nos ha hecho a nosotros ya que no conocemos otra cosa. Llevando esta verdad en mente se nos hace fácil entender por qué muchas víctimas adultas fueron víctimas en la infancia y que casi todos los agresores adultos fueron víctimas en la infancia también. Además, ahora que entendemos que la necesidad de ser la víctima de alguien puede ser transmitida como una herencia familiar, ¿hay algún asombro de que el abuso en todas sus formas se esté extendiendo rápidamente en nuestro país?

La mayoría de las víctimas y gran parte de los agresores no creen haya ayuda real disponible. Ellos aceptan sus problemas como problemas en su personalidad. Han aceptado las mentiras de Satanás que ha publicado a través de la prensa y consejeros seculares de que "hay algunas cosas para las que no existe una cura duradera". Se paralizan por su propio sentido de desesperanza y están atemorizados de que si alguien supiera lo que pasa a puertas cerradas, terminarían por perder a esos mismos niños que quieren ayudar.

PREGUNTA 9

¿Cuáles son los principales temores de las víctimas?
Estos temores pueden ser detectados en las víctimas:

A. Miedo a no ser creídos o tomados en serio por ninguna agencia de ayuda.
B. Miedo a que el abuso será peor si lo reportan.
C. Miedo a que sus agresores están en lo cierto y se descubrirá que todo es realmente culpa de la víctima.
D. Miedo a no poder sobrevivir emocionalmente sin el agresor.

E. Miedo a no poder salir adelante solos económicamente.

F. Miedo a que han perdido el control sobre sus propias vidas y que no podrían ya ejercitar ese control si les fuera devuelto.

G. Miedo a ya no poder pensar claramente a raíz de la ansiedad continua que sufrieron.

H. Miedo a lo desconocido.

I. Miedo de ser los únicos responsables por la situación. La creencia de que tienen lo necesario para mantener el orden por el bienestar de todos los involucrados. La culpa de arruinar todas estas vidas es más de lo que pueden enfrentar.

J. Miedo a no poder hacer nada para alterar la situación de todas formas, así que toman una actitud pasiva.

K. Miedo a que el agresor cambiará y que se perderán de una buena situación por no haber esperado lo suficiente.

L. Miedo de que por haber sido víctimas todas sus vidas, Dios dispuso que siempre fueran víctimas y que nada cambiará a excepción de la identidad del agresor.

Como usted puede discernir, Dios debe sanar muchas áreas de la personalidad de las víctimas así como librarlas de la necesidad espiritual y física de agresores. Necesitarán mucho amor, cuidado y tiempo, así como también los agresores.

PREGUNTA 10

¿Por qué muchas víctimas crean redes tan extensas para proteger al agresor?

La ansiedad en la personalidad de las víctimas puede llegar a tal punto que tengan más miedo de vivir sin sus agresores que con ellos. Sienten la necesidad de proteger al agresor a cualquier costo con tal de que la relación se matenga intacta, a excepción de cuando temen o respetan a otra figura en autoridad más que al agresor (entonces permitirán la influencia de la otra fuente de fortaleza para que ocurra un cambio.) Cuando las víctimas conocen el paradero del agresor y pueden deducir el rumbo de sus acciones al observar su conducta diaria, lo cual reduce su tensión. Gran parte de la gente trabajando con víctimas acepta este tipo de razonamiento como un frente a su deseo de quedarse en situaciones abusivas y no entienden el nivel de terror ni la predecibilidad del ciclo del compor ta miento abusivo. Por lo tanto, dese cuenta que esto es un efecto del abuso en el alma y espíritu de sus víctimas, no su deseo de permanecer involucrados con los agresores. Más adelante delinearemos el patrón en ciclos del abuso.

Después de un período de abuso repetido la víctima con frecuencia adopta una personalidad pasiva y el agresor se convierte en el que toma la acción, toma las decisiones y escoge la dirección y metas. Las víctimas casi se congelan en su posición de respuesta en lugar de iniciativa, lo que causa que las víctimas crean que sin los agresores serían inca paces de funcionar en su vida diaria.

La situación se ha deteriorado a tal punto de falta de funcionamiento que las víctimas han tomado actitudes mentales de impotencia aprendida. Tienen tanto miedo de estar sin los agresores que el admitir el problema les parece más peligroso que el mismo abuso.

PREGUNTA 11

¿Qué es lo que produce en la víctima los sentimien tos intensos de culpa y responsabilidad por las acciones del agresor?

Las víctimas de abuso constante han desarrollado una autoestima tan pobre que no tienen idea de que la mayor parte de lo que han experimentado no fue algo que ellos se hubieran buscado. Su manera de pensar frecuente es que sí fueran mejores personas o con una voluntad más fuerte estas cosas no les pasarían, ya que sus agresores acos tumbran indicarles cada defecto habido y por haber para reforzar la inefectividad de la víctima. Si no hay debilidades o defectos que señalar, los agresores con frecuencia tratan a sus víctimas como niños y les echan la culpa por toda su tensión, lo cual implica que el abuso fue el resultado de los malos hábitos de la víctima. Después de un período de ser culpado constantemente por el humor y acciones del agresor y de que exageren demasiado cada uno de sus defectos reales o imaginarios, las víctimas toman toda la culpa por su abuso. Debe enfatizarse de nuevo que la mayoría de las víctimas adultas fueron víctimas en su infancia, por lo tanto, tenga cuidado cuando trate con un concepto reforzado de falta de valor propio en estas víctimas. Además la mayoría de ellas han sufrido abuso por tantos años que se les hace lo más natural aceptar toda la culpa y reproches.

Con frecuencia es difícil entender para alguien que sólo observa. Lo que ha pasado como resultado de dicho trauma es que las habilidades para razonar claramente de las víctimas se han nublado con espíritus malignos de opresión. Estos generalmente distorsionan la percepción de la realidad al grado de que el punto de vista de los agresores se convierte en el suyo también y esto se complica más con la necesidad de algunos espíritus en la víctima de controlar las acciones de los agresores.

PREGUNTA 12

¿Qué es lo que causa que un ser humano crea que tiene algún derecho para abusar de otro ser humano?

La personalidad agresora será considerada en otro capítulo. Recuerde por ahora que un gran porcentaje de agresores fueron víctimas. Esto no es dicho para disculpar o justificar su comportamiento, sino para poner un fundamento de entendimiento y preocupación. Como líderes estaremos en situaciones para ministrar la libertad de Jesucristo a las víctimas y a los agresores, pero no podremos hacerlo si no entendemos que en casi todos los casos las raíces son las mismas.

Vamos a echar un vistazo a las causas más comunes del abuso, dejando los detalles para el siguiente capítulo:

A. Los agresores solo están expresando lo que han experimentado u observado como conducta correcta.
B. La mayoría de ellos no quieren comportarse así, pero las fuerzas en su interior toman el control y se sienten fuera de control de sí mismos.
C. Muchos son perseguidos por sentimientos de inferioridad y fracaso así como sus víctimas. La única manera que conocen para hacerles sentir que tienen algún valor es haciendo que alguien más se sienta con menos valor que ellos.
D. Necesitan culpar a alguien por sus sentimientos de fracaso que los atormentan.
E. Algunos necesitan infligir dolor a alguien más para aliviar el suyo.
F. Muchos reaccionan a la necesidad de los espíritus que oprimen a las víctimas.

PREGUNTA 13

¿Cómo se sienten los agresores de sí mismos y de las víctimas?

En muchos casos los agresores sienten tanta aberración por su conducta como nosotros los observadores y están clamando por ayuda. Estos sentimientos son agudos durante lo que llamamos la etapa de la luna de miel. En otras etapas creen que sus acciones están totalmente justificadas y no entienden el que alguien esté molesto con ellas, de hecho durante las últimas etapas están convencidos de que si usted conociera a la víctima quizás usted la maltrataría también. También hay etapas cuando sus niveles de frustración son tan altos que no pueden tratar competentemente con su ira y rabia y en esos momentos pelearán con el mundo entero.

En otras ocasiones están tan agradecidos con las víctimas por soportarlos que no pueden amarlas o ayudarlas lo suficiente. Durante esta etapa las víctimas son tratadas tan bien que esto actúa como un ancla para que se queden en la relación. Algunas víctimas llegan finalmente al punto de empujar el ciclo de abuso al abuso real para "acabar de una vez por todas", sabiendo que eso es la siguiente parte del ciclo.

La mayoría de los agresores tienen aspectos muy cariñosos, cordiales y cuidadosos en su naturaleza, sin embargo, entre más avanzan al lado abusivo de sus personalidades esa bondad se expresa cada vez menos.

Su punto de vista sobre las víctimas cambia según donde estén en el ciclo. Algunas veces son tan agradecidos y cariñosos con las víctimas por su muestra de lealtad, mientras que otras veces creen que sus víctimas deberían de estar contentas de que los agresores permanecen con ellas aunque sea tan difícil vivir con ellas. Incluso otras veces odian a sus víctimas y creen que si las víctimas no estuvieran con ellos no tendrían ese tipo de comportamiento o creen que las víctimas son un peso terrible y desearían que se separaran. Puede haber incluso un punto donde los agresores tienen tan poco respeto por sus víctimas que su descripción de las víctimas es brutal, humillante y psicológicamente violenta.

PREGUNTA 14

¿Quién está en control de la situación, el agresor o la víctima?

Parece que los dos alternan el control, pero en realidad los espíritus opresores que atormentan a AMBOS son los que tienen el control.

PREGUNTA 15

¿Están tanto la víctima como el agresor en la situación porque la disfrutan o reciben alguna satisfacción de ella?

A ninguno le gusta ni la disfruta en lo absoluto. Los espíritus malignos de opresión que atormentan a ambas partes necesitan que la situación continúe y saben cómo manejar a las dos partes para que actúen.

PREGUNTA 16

¿Qué sucede si uno de ellos pide ayuda y el otro no?

Si la relación continúa, aquellos que recibieron ministración experimentarán tales cambios de actitud y autoimagen que no reaccionarán ni responderán al mismo estímulo en la misma forma de antes.

Cuando las VICTIMAS reciben ministración efectiva, los siguientes cambios son algunos de los que serán evidentes:

A. La constante necesidad de ser un fracaso cesa gradualmente. Con menos frecuencia se ponen trabas para fracasar consciente o inconscientemente.

B. Su autoimagen mejora y ya no creen que merecen el abuso.

C. Su manera de pensar se aclara y ya no se ven desesperanzados y sin alternativas.

D. Obtienen un nivel nuevo de la realidad y en el proceso se dan cuenta de que tienen credibilidad.

E. El nivel de culpa bajo el que han vivido desaparece y ya no se sienten responsables de la conducta de los agresores.

F. A este punto de desarrollo empiezan a forzar a los agresores a buscar y recibir la libertad también. Se han convencido tanto que el cambio es posible que ya sea que lleven a los agresores a recibir ayuda o los agresores se ven forzados a buscar otras víctimas.

Precaución: hay un punto crucial en el proceso de sanidad cuando las víctimas se sienten culpables y se preguntan si deberían de comprometer su perspectiva sana e incluir de nuevo a sus agresores. Esto es probable si una separación está ocurriendo, ya que empiezan a pensar que están arruinando las vidas de otros, sobre todo si hay niños involucrados o si hay una cercanía con el resto de la familia. Si esta separación implica el divorcio, todas las partes que tienen una relación profunda con Jesucristo tomarán una tremenda culpa espiritual y se pondrán en peligro de regresar a situaciones que desharían la sanidad y liberación.

Cuando aquellos que reciben ayuda son los AGRE SORES, los siguientes cambios son algunos de los que serán evidentes:

A. Ya no son impulsados por sentimientos de inferi oridad.

B. Su ira y heridas interiores empiezan a disminuir y la necesidad de expresar su propia frustración a través de la violencia disminuye.

C. Ya no tienen pánico de admitir sus errores o fra casos, por lo que ya no hay necesidad de encontrar chivos expiatorios.

D. La sanidad ocurre en sus mentes y emociones, trayéndoles libertad. Ya no necesi tan tratar tanto de actuar como ellos piensan los adultos deben de hacerlo.

E. Entre más sanidad reciben más respeto desarrol lan por sí mismos, produciendo un respeto por las vidas, mentes y cuerpos de sus víctimas. Esto actúa como un freno para el comportamiento abusivo.

F. Mientras la necesidad de maltratar disminuye, las víctimas (si no han recibido ministración) empiezan a sentirse muy inseguras y empiezan a provocar a los agresores a tomar acción abusiva. Si esto empieza a suceder es principalmente porque las víctimas ya no saben qué esperar y lo desconocido está demasiado lleno de temor para ellas. Algunas de ellas se han identificado tanto con el abuso que si este para, ya no se sien ten amadas o queridas.

G. Los antiguos agresores, así como las víctimas libres, se emocionan tanto con sus sentimientos y respuestas nuevas que empiezan a forzar a las vícti mas a que pidan ayuda.

PREGUNTA 17

¿Cuáles cambios han ocurrido en la familia a causa de este problema o para permitir su existencia?

Como se ha indicado en los capítulos anteriores que tratan con la iniquidad, cuando cada generación se entre ga al pecado y comportamiento de las generaciones anteriores los problemas se multiplican, más gente es involucrada en los mismos problemas y atada a los efectos de estos, así que Satanás tiene más oportunidad para atacar y destruir lo que Dios creó para ser bueno y placentero. Además, entre más cada generación comprometa las leyes de Dios, más pecado, más violencia, más destrucción de la familia y relaciones ocurrirán. Parece que entre más amor y respeto perdemos por nuestro Creador nos sentimos libres de expresar más odio hacia Su creación, sus reglas y normas; entre más ocurra esto habrá más tensión en la familia y en las relaciones interpersonales. Es como si estuviéramos tan frustrados, tan confundidos y heridos por dentro que la única forma en que algunos de nosotros podemos existir es actuando nuestra violencia, ya que de alguna manera pensamos que esto aliviará nuestra presión interior.

PREGUNTA 18
¿Qué puede hacerse por la víctima y el agresor?

¡Ambos grupos necesitan ser introducidos a la ayuda disponible en el poder de la vida de Jesucristo! Ambos deben de estar dispuestos para admitir que tienen un problema que requiere liberación y sanidad. Como líderes puestos por Dios en sus vidas, con mucho cariño y firmeza, uno tiene que llevarlos a un punto donde se den cuenta que su conducta es el resultado de sus experiencias y que hay ayuda disponible en Jesucristo. Además, uno debe de enterarlos que es un proceso, el cual requiere trabajo, dedicación, tiempo y una estar dispuestos a romper los hábitos una vez que se haya recibido la ministración. Hay que hacerles saber que no hay una varita mágica que se pueda usar sobre su cabeza y que produzca una recuperación instantánea, sino que tienen que prepararse para aceptar las responsabilidades del bienestar. Deben seguir todos los pasos y uno debe hacerles sentir que estará a su lado mientras alcanzan la fuerza espiritual.

El ciclo de abuso al que nos referimos con anterioridad será descrito ahora. Por favor entienda que la duración del ciclo puede ser de cinco a diez años desde su principio hasta su conclusión o tan corto como una hora en casos de severa tensión o si los problemas se han vuelto extremadamente severos.

I. La etapa de amenza de abuso verbal o no verbal empieza e involucra:
   A. Aumento de los altercados verbales.
   B. Cambios forzados en la rutina programada.
   C. Ataques físicos menores.

II. Los agresores empiezan a ser más y más abusivos psicológicamente.
   A. Pueden empezar a amenazar de lastimar a alguien cercano a las víctimas.
   B. Pueden humillar a las víctimas tanto en público como en privado.
   C. Los discursos verbales empiezan.
   D. Cuando ven que las víctimas empiezan a reaccionar con enojo, ellos empiezan a empujar más a las víctimas para tener una excusa por su abuso.
   E. Cuando están bajo tensión las víctimas dan a los agresores las excusas que han estado esperando y el abuso real comienza.

(Esta y la siguiente etapa son aceleradas por las víctimas de largo plazo que quieren que la etapa de golpes termine para que la etapa de la luna de miel empiece otra vez.)

III. Abuso intenso.
   A. Esta etapa generalmente comienza cuando los agresores han llegado al final de sus fuerzas para enfrentar las cosas y quieren darle una lección a la víctima o buscar una excusa para administrar el castigo por el comportamiento de la víctima.
   B. Ya sea durante el curso o después del abuso, los agresores les dicen a las víctimas cuáles fueron las acciones que ameritaron el maltrato.

C. Una vez que las víctimas aprenden qué es lo que se debe esperar, posiblemente empujen esta etapa al hacer cosas que provoquen el abuso. Recurren a dichas medidas sólo para acabar con el dolor de una vez por todas.

IV. La etapa de la luna de miel.

A. Generalmente esta etapa está llena de promesas de pedir ayuda y de votos emocionales y llenos de lágrimas de no volver a hacerlo otra vez.

B. Los agresores son muy bondadosos y muestran arrepentimiento, tal vez incluso le confiesen su problema a alguien y muestren mucha emoción.

C. A veces involucrarán a miembros de la familia para convencer a las víctimas que es en serio y para que las convenzan de que se queden con ellos.

D. Puede que lleguen a contactar a algún líder espiritual y le pidan que convenza a las víctimas para que se queden.

E. Para "probar" su seriedad sobre el asunto tal vez dejen de hacer algo temporalmente o alteren su manera de ser.

Por ejemplo:

1. Pudieran conseguir un trabajo o un mejor trabajo.
2. Pudieran dejar un hábito adictivo.
3. Pudieran renovar su compromiso con la víctima (incluso dejar de salir con otras personas, si es lo apropiado).
4. Pudieran dejar incluso esas actividades a las cuales culpan por su tensión interna y que causan (según ellos) el abuso.

Esté alerta de los siguientes síntomas en cualquiera que usted sospeche que pudiera ser una víctima. Estos síntomas generalmente acompañan al maltrato severo:

A. Insomnio y hábitos o patrones anormales para dormir.

B. Sueño compulsivo con la excusa de siempre estar cansado.
   C. Ya sea la falta de apetito o una compulsión de comer todo lo que esté a la vista.
   D. Enfermedades constantes como:
      1. Problemas estomacales.
      2. Alta presión.
      3. Palpitaciones.
      4. Ataques de ansiedad.
      5. Cualquier ataque relacionado con la tensión.

Por favor note que la mayoría de las víctimas niegan (aún a sí mismas) la realidad de la etapa intensa del abuso y sus efectos.

En I Samuel 25:3-42 encontramos la historia de una esposa cuyo marido era muy conocido por sus acciones y actitudes crueles. La historia comienza indicando en el versículo 3 que la esposa de Nabal era de buen entendimiento y hermosa. En el lenguage original "de buen entendimiento" quiere decir una persona buena la cual está llena de inteligencia y sabiduría. Nabal, por el otro lado, es descirito como insolente, lo cual quiere decir cruel, duro, atroz, áspero y malvado en todo lo que hacía. En los versículos 10 y 11 vemos un cuadro de su abuso hasta a gente que le había hecho un gran servicio. El actuaba de acuerdo a su reputación. La descripción continúa en los versículos 14-17 a través de un sirviente que dijo que Nabal se enfureció con los hombres de David y siguió diciendo que Nabal era un hombre malvado y completamente irracional.

Es obvio que todos incluyendo a Abigail había sido víctimas del abuso de Nabal. El siervo tenía la libertad de dirigirse a Abigail como una compañera en sufrimiento al grado de advertirle qué hacer. En los versículos 18-25 Abigail fue a ver a David a escondidas en un intento de compensar por la conducta de Nabal, dando excusas y tomando la responsabilidad por su mala conducta, apeló al buen carácter de David. En el transcurso de su petición ella dijo que Nabal no podía contenerse ya que vivía de acuerdo a las expectaciones de sus padres: su nombre significa "insensatamente malvado".

Abigail expresó dos veces miedo a su esposo. En el versículo 18 ella se fue en secreto, a escondidas, enviando a los siervos por delante en caso de que si fuera sorprendida los siervos pudieran escapar y llegar a donde estaba David. En el versículo 37 regresó a su casa para encontrar a Nabal embriagado así que esperó hasta la mañana siguiente para decirle lo que había hecho. Nabal reaccionó con tanto enojo que su corazón se endureció como piedra y murió diez días después.

Aquí tenemos a una mujer hermosa y sabia viviendo con un hombre violento y abusivo. Ella fue muy lejos para tratar de protegerlo hasta el punto de arriesgar su propia seguridad. Ella y el resto de los de la casa vivían en temor de este hombre, el cual estaba dominado por su ira, violencia y conducta abusiva.

Como la mayoría de las víctimas ella aceptó la responsabilidad por la conducta de él, tratando de dar una explicación y de aplacar a la persona que ella sabía podía traer destrucción a la casa entera. Dios muestra aquí Su plan. El quiere:

    A. Libertar a las víctimas de todas las ramificaciones de la conducta del agresor.
    B. Salvar sus vidas de más dolor físico o emocional.
    C. Protegerlas de las reacciones de sus agresores cuando se enteren de que han ido a ver al Rey para pedirle ayuda.
    D. Librarlas del temor.
    E. Redimir sus vidas por medio de la vida del Rey.
    F. Darles relaciones completamente nuevas.
    G. Darles nuevos estilos de vida.
    H. Darles una relación emocional con el Rey de reyes al establecer confianza y comunión.

En I Reyes capítulos 16-21 se nos presenta a la reina Jezabel, una mujer abusiva física y psicológicamente, la cual no sólo puso miedo en su esposo, sino también al profeta de Dios. Su violencia era muy conocida y una sola amenaza mandó al hombre de Dios corriendo por su vida. Si echamos un vistazo rápido al resultado de vivir con un agresor por un largo período de tiempo, encontramos que Acab tenía una autoimagen muy pobre y que el el capítulo 19 encontramos a un hombre que es completamente incapaz de fun cionar.

En el capítulo 18 ocurrió una batalla terminante entre los profetas de Baal y Elías, el profeta de Dios. El rey Acab accedió a los términos que fijó Elías, la competencia se llevó a cabo y Dios triunfó poderosamente. Los profetas de Baal fueron asesinados y Dios mandó lluvia después de una sequía por tres años. El rey Acab se fue a casa contento de que la lluvia había venido, pero atemorizado porque ahora tendría que decirle a Jezabel que sus profetas estaban muertos, así que en el versículo 1 del capítulo 19 lo encontramos diciéndole a Jezabel que Elías había matado a todos los profetas, pero se olvidó de mencionarle su acuerdo con las reglas de la competencia, así como también de su promesa de que ambos regresarían al Dios viviente si Elías ganaba.

El miedo a el abuso de ella lo paralizó al grado de que:

A. No pudo cumplir con su compromiso con Dios. (Es común que las víctimas vean a sus agresores como una realidad más grande y una amenaza más grande que Dios.)

B. No podía governar al país efectivamente si este gobierno iba en contra los deseos de ella. (Es común encontrar a las víctimas más ansiosas de satisfacer las necesidades de sus agresores que cumplir con sus otras responsabilidades.)

C. No podía admitir su complicidad en los eventos de ese día. (Es poco común que las víctimas admitan sus propias acciones. Tienen fuertes relaciones de padre-hijo con sus agresores y tienen que tener su aprobación a toda costa.)

El miedo al agresor tuvo tal efecto en Elías que:
A. Perdió la visión de quien era en Dios. Su habilidad para razonar estaba tan nublada que olvidó todo lo que su Dios acababa de hacer. (Pasa seguido que los agresores causan que sus víctimas no sean capaces de razonar.)
B. Huyó para no enfrentar el enojo se ella.
C. Empezó a dudar del cuidado de Dios hacia él. (A menudo la percepción de Dios que tienen las víctimas está tan distorsionada que creen que Dios quiere que ellas sean maltratadas. Algunas de ellas creen que la naturaleza de Dios es como la de los agresores).

En el capítulo 21 vemos el final severo de algunas víctimas:
A. Acab había llegado al punto de tal frustración con la vida que si no obtenía lo que él quería (sin importar si era correcto o no) no podía soportarlo.
B. Estaba plagado con una depresión tan severa que guardaba reposo.
C. Había regresado a un nivel de inmadurez de un niño pequeño así como su autoestima había disminuído también.
D. Estaba tan involucrado con su agresora que no cuestionaba el grado de maltrato que recibía de ella.
E. El hacía exactamente lo que ella le decía.
F. El estaba completamente bajo el control de ella al grado de aceptar sus valores.
G. Cuando se le cuestionaba, él no veía nada malo en la conducta de ella.

Cuando se ministra a las víctimas uno debe descubrir no sólo las causas presentes sino también las raíces originales, recordando que las víctimas adultas fueron generalmente víctimas en la infancia. La siguiente es una lista de los espíritus malignos que pudieran estar presentes:
A. Miedo al agresor. Rompa el espíritu y el poder de los agresores sobre sus víctimas, llamándolos por su nombre (si lo sabe).
B. Miedo al ataque.

C. Miedo al dolor.
D. Rey de los terrores.
E. Miedo al fracaso.
F. Miedo al éxito.
G. Miedo a la gente.
H. Miedo a la vergüenza y a ser desenmascarados.
I. No amados y no queridos.
J. Rechazo y miedo al rechazo.
K. Falta de valor y falta de respeto.
L. Culpa y un sentido falso de responsabilidad.
M. Realidad falsa.
N. Mentiras.
O. Odio a sí mismo.
P. Ira, rabia, violencia.
Q. Amargura y resentimiento.

Cuando se ministre a víctimas, recuerde que ellas tienen una imagen de sí mismas y una autoestima muy bajas por lo que requieren refuerzo constante por un tiempo. Mientras la liberación es para ellas un paso gigante hacia adelante y de vital importancia para su recuperación, eso es sólo el principio. Necesitarán de mucha sanidad, mucha paciencia y amor en los meses porvenir. Los resultados harán que sus esfuerzos valgan la pena. A veces es como estar viendo a la rosa más linda florecer delante de nuestros ojos.

Capítulo XIII
EL AGRESOR

Esta sección estaría incompleta sin un capítulo que tratara sobre los agresores aunque fuera desde un punto de vista subjetivo para presentar las diferentes formas de abuso. La mayoría de los líderes en algún momento de sus vidas han sido presionados por agresores en posiciones de influencia y consecuentemente han formado opiniones de la persona lidad abusiva a raíz de sus propias heridas y frustraciones. Podemos entonces entender que su ministe rio a los agresores no tenga dosis grandes de empatía. Oramos que después de leer el material en este capítulo usted pueda adquirir una comprensión nueva e incluso compasión por la persona que sufre de una personalidad abusiva. Hemos usado la palabra "sufriendo" intencional mente. Recuerde que el agresor fue primero la víctima de al guien más y tenga en mente que dentro de cada víctima está la semilla del abuso. Las estadísticas muestran que el 97.5% de todos los padres que golpean a sus hijos fueron niños golpeados.

Basado en estas verdades, los agresores parecen ser víctimas que han cruzado una línea invisible. Expresan los efectos del abuso en sus propias personalidades y parecen creer que para poder tomar el control de sus propias vidas y para evitar ser maltratados por alguien más, deben de volverse agresivos ellos también. No es que se levantan una mañana y deciden causarle a alguien más el mismo grado de dolor que ellos recibieron, ni de ven ganza. Tampoco piensan que si son lo suficientemente agresivos con los demás ya no serán maltratados otra vez. Ellos actúan del dolor profundo que sienten, sus acciones son reacciones a las fuerzas internas que los mueven, las cuales general mente son espíritus malignos. La mayoría del tiempo sus propias heridas, dolores e imágenes dañadas los forzan a hacer las mismas cosas que han soportado. Tal vez hayan jurado que ellos NUNCA lastimarían a nadie así como ellos fueron lastimados, pero cuando la presión crece, los agre sores atacan para aliviar su tensión interna. El principio es similar al de una válvula de presión. Cuando el agua se calienta y empieza a hervir, la válvula deja salir el vapor para aliviar la presión que está aumentando.

Los agresores rara vez entienden por qué reaccionan en la manera que lo hacen. Como muchas víctimas, luchan contra los problemas con lagunas mentales, de hecho los más difíciles de tratar son los agresores que tienen control pleno de su memoria y aún así infligen dolor a otros. Aque llos a los que es más difícil tenerles simpatía ALGUNA son los que dirigen su abuso a los niños, ancianos o a alguna mujer indefensa o que se lastima con facilidad. Hay por lo menos otras siete razones por las cuales el ministrar a los agre sores es tan difícil:

1. Si usted está tratando con la víctima, sus emo ciones se pueden involucrar tanto que el agresor se convierte en SU enemigo también.

2. Si hay algún agresor en su personal o si el abuso le afecta de alguna otra manera directamente:

   a. El resultado del abuso hace que su trabajo sea más difícil, doloroso o temible.

   b. Los ataques socavan su autoridad y obstac ulizan su efectividad.

   c. El agresor fomenta contiendas, lo que añade más problemas para que usted resuelva.

   d. Usted se verá forzado a observar a otros bajo usted, siendo lastimados sin necesidad.

3. Si el agresor se comporta en tal manera hasta convertirse en el villano, se vuelve difícil de defender.

4. Si no parece haber una razón lógica para los ataques, el agresor es visto como alguien cuya fuerza

motivadora es dominar y controlar a cualquier costo, sin importar el dolor que sea infligido.

5. Si el agresor proyecta una actitud de superioridad, intimidación, indomable, arrogante o sin remordimiento, uno piensa que él está diciendo: "No he hecho nada malo, ocupése de lo suyo".

6. Si sus sentimientos hacia el agresor son completamente negativos, es una reacción natural a sus acciones.

7. Si el agresor requiere de más tiempo y ministración que la víctima, recuerde que básicamente él es una víctima. El hecho de que él haya escogido maltratar a alguien más para expresar su propio dolor requiere más ministración.

La personalidad abusiva es una de las más confusas e internamente caóticas de todas. El agresor tiene las mismas debilidades y temores que atormentan a su víctima, lo que es decir, el agresor es atormentado por los mismos espíritus malignos que atormentan a su presa, por lo tanto, al tratar con él, usted tal vez vea a una víctima frágil en determinado momento y al siguiente a un agresor violento soltando su ira encerrada. Puede presentar una actitud dominante, crítica y de control. ¿Puede haber dos espíritus tan opuestos pre sentes? La respuesta definitiva es SI.

Después de que el abuso ha tomado el control y se ha convertido en su forma de expresión, el agresor se encuentra cautivo a un ciclo de comportamiento. Se desarrolla una comunicación complicada y compleja entre el agresor y su víctima, la cual solo ellos dos entienden. Hay cinco hilos que causan este proceso:

1. Culpa compartida.
2. Vergüenza compartida.
3. Miedo mutuo a ser expuestos.
4. Una necesidad de alterar la realidad para protegerse y justificar su conducta y sus acciones.
5. La existencia de un lazo espiritual entre él y la víctima.

El último hilo es la llave principal para la liberación completa del agresor. Estos lazos espirituales DEBEN romperse. El agresor debe primero perdonar a sus propios agresores y después perdonarse a sí mismo por el abuso que él ha cometido. Después de esto el espíritu y poder sobre él de su propio agresor debe romperse y luego el suyo sobre su víctima. El agresor DEBE enderezar la situación entre él y su víctima y también TIENE que reparar su relación con Dios.

A menos que AMBAS relaciones se hayan arreglado el agresor continuará sufriendo. El efecto psicológico del abuso que el cometió causará una tensión emocional continua y problemas para enfrentar situaciones.

En algunos casos el abuso ha sucedido desde que el agresor era un adolescente, esto es verdad sobretodo si el abuso era de naturaleza sexual. El tormento emocional del agresor parece tener su raíz en la culpa enterrada, lo cual no es difícil de entender. La Biblia dice claramente que el pecado sin confesar produce culpa y da lugar al poder destructivo de la condenación. Bajo todo pecado sin confesar el hombre siempre regresa a sus respuestas en el huerto del Edén, como se registra en Génesis 3.

1. El hombre quedó abrumado con el precio del pecado y la destrucción que este trae consigo. En el versículo 7 del capítulo 3 los ojos de Adán y Eva fueron abiertos y se dieron cuenta que el precio de su pecado fue el haber perdido el manto de la santidad de Dios.

2. El hombre se vio forzado a cubrirse con los sistemas inválidos que el mundo usó para justificar sus acciones. En el versículo 7 Adán y Eva se cubrieron con materiales que tenían que ser reemplazados con frecuencia.

3. Los métodos del mundo no proveyeron ni libertad ni perdón, por lo tanto Satanás podría lisiar al hombre con aún más vergüenza que produciría miedo y separación de Dios. En el versículo 8 Adán y Eva se

estaban escondiendo del Unico que podía restaurarlos, sanarlos y renovarlos.

4. La vergüenza del hombre causó aún más miedo de la presencia de Dios y el evitar la corrección de Dios. En el versículo 11 Dios le preguntó directamente a Adán el por qué de su miedo y de su escondite, sólo para que Adán evadiera una respuesta directa. Dios sabía que la clave para el perdón y la vida nueva era la confesión honesta del pecado.

5. El evadir el arrepentimiento nubló su habilidad para admitir su propia culpa, confesar su pecado y recibir el perdón por sus acciones. En el versículo 12 Adán dijo en efecto: "Mira, Dios, esto es en realidad tu culpa, fue Tu idea el darme esta mujer en primer lugar".

6. El arrepentimiento pospuesto produjo dureza del corazón y negación de la responsabilidad, lo cual permitió que Adán culpara a alguien más por sus pecados y los problemas resultantes. En el versículo 11 ya que su intento de culpar a Dios no funcionó, Adán culpó a Eva, quien respondió: "¿Quién, yo? No fui yo, fue culpa de la serpiente".

7. La represión de la culpa y el evitar tratar con el pecado causa la pérdida de la paz personal y la libertad de los efectos del pecado. En los versículos 14-24 Dios no tuvo alternativa mas que juzgar el pecado, echar la maldición y sacarlos del huerto.

La personalidad del agresor es formada al ser dañado severamente y no recibir nunca la sanidad, por lo que sus reacciones están basadas en el temor y la baja autoestima. El ha perdido toda confianza es su propia habilidad para lograr algo de valor y parece creer que su única esperanza para obtener respeto, autoridad o control es por medio de la initmidación o la fuerza. Las adicciones y compulsiones ponen más presión sobre él por lo que se siente con aún menos control de sí mismo. Su odio por sí mismo fue causado por su propio maltrato temprano, pero AHORA él necesita a alguien a quien culpar y hacer res-ponsable de sus propios fracasos. No enfrenta bien la presión, pero tiene tanto miedo de fallar que no admite sus errores, por lo que es obviamente inseguro y teme ser expuesto como el fracaso que él está SEGURO que es. Con tal autimagen tan pobre uno puede ver su necesidad de sentirse superior a alguien. Con la suficiente amnesia para no tener recuerdos de los incidentes que causaron semejante daño a su personalidad, él es movido por sombras así como su víctima.

La mayoría de los agresores no sólo necesitan a alguien a quien maltratar, sino que ellos mismos necesitan recibir abuso frecuente y si no pueden encontrar a un agresor que lo haga, ellos mismos lo harán. Arreglarán su fracaso a veces trabajando para destruir relaciones buenas que han sido establecidas sobre bases positivas. Pondrán un alto a las experiencias potencialmente positivas, llegando incluso al punto de evadir recibir premios o honores por los que han trabajado. En su intento de conseguir un agresor externo encontrarán a una figura en autoridad para que tome el papel, sabiendo cómo manipular a esta persona para que se convierta en su agresor, lo cual tiene efectos secundarios intere santes, especialmente si el líder no es ni una víctima ni un agresor. El líder se llena de tanta culpa que ya no puede ministrar al agresor efectivamente, empieza a cuestionar sus propios motivos y tal vez se convierta en un ministro menos efectivo, al punto de creer que hay algo malo en su interior y forma una aberración en contra de cualquier agresor.

Mientras tanto, nuestro agresor ha alterado su percepción de cualquier situación donde estaba recibiendo ayuda, ya que sólo acepta lo negativo, se siente justificado en su privarse del beneficio de cualquier ayuda. Simultaneamente, él produce su propio dolor por la separación, deprivación de afirmación positiva y el ser lastimado por otra persona, lo cual por supuesto sucede inconscientemente. El agresor no está al tanto de que ha distorsio nado todo ni de su necesidad de sufrir. Recuerde que el agresor era y es una víctima él mismo y por lo tanto desarrolla tanto tumulto interior frente al éxito como lo hace una víctima.

A la larga el agresor (inconscientemente) hace arreglos para que el abuso que él está infligiendo sea expuesto a una persona en una posición de autoridad legal, familiar o espiritual. Una vez que el abuso es expuesto el agresor parece trabajar muy duro para negar que esto ha ocurrido Esta etapa de negación parece proveer un refuerzo tremendo a su personalidad, ya que no sólo recibe una dosis alta de adrenalina al convencer a los demás que es inocente, sino que también recibe un falso sentido de seguridad e inocencia al escapar de la culpa.

Muchos profesionales que frecuentemente trabajan con los agresores creen que si un agresor puede a menudo completar con éxito este ciclo de ser expuesto y encontrado inocente, ellos pueden continuar evadiendo la realidad indefinitivamente. Otros consejeros profesionales creen que el agresor acepta honestamente su propia conducta como buena y más allá de retos. (Si esto sucede es fácil ver por qué los espíritus engañadores se encuentran con tanta freceuncia en un agresor) El éxito del agresor al completar el ciclo da la impresión de que no le interesa recibir ayuda, lo que no es necesariamente cierto, pero es su mejor mecanismo de defensa para que la gente mantener a la gente cerca. Su éxito también produce un sentimiento de que ha hecho tontos a aquellos que han estado tratando de ayudarle, por lo que en su próximo intento de ayudar al agresor estarán llenos de sospecha y extremada caución lo cual puede obstaculizar su efectividad.

Como se indicó en el capítulo sobre el abuso conyugal, el abuso es cíclico y por lo tanto fácil de registrar y de observar. Tiene patrones que indican cuando el agresor está más abierto para recibir ayuda y admitir su problema. Lo que siempre debe tenerse en mente es que cuando el agresor experimenta más frustración y dolor interno el ciclo se repite con más frecuencia. El ciclo toma cada vez menos tiempo para completarse, inten sificando así la necesidad desesperada del agresor para mostrarle el poder y el amor de Dios tanto para él como para su víctima. El amor, perdón y libertad que Dios desea ministrale al agresor es dificil que sea demostrado por aquellos que lo ministran a menos que Dios les revele Su amor por el agresor.

NOTA: La compasión sólo puede recibirse al ver al agresor tal y como Dios lo ve, de otra forma la reacción inicial de hostilidad será sentida por el agresor y él encubrirá tanto del problema como pueda. De ahí en adelante estará atrapado en su creencia de que NO hay ayuda para él en Dios on en ningún otro lugar.

Ya que el agresor fue una víctima de alguna forma de abuso antes de convertirse en un agresor, es común que él tome la apariencia que se describió en los capítulos sobre abuso fisico y sexual, sin embargo, en algunos casos su manera de vestir expresará machismo o una imagen de control rígido. Si la expresión es de machismo, tanto el varón como la mujer tratarán a toda costa de vestir en una forma que enfatice la fuerza fisica y la fortaleza de su personalidad, su lenguage corporal dice: "Yo mando aquí".

Si en es el control rígido, la ropa será restrictiva y no tendrá libre movimiento. El len guage corporal ahora informa a los demás que él es demasiado controlado y dominado. A veces da la impresión de ser un volcán listo para explotar o un bloque de hielo que nunca se derrite.

La meta principal al tratar con un agresor debe ser el usar estas herramientas para hacer las preguntas correctas con suficiente amor y convicción para forzar al agresor a admitir su necesidad intensa de ayuda. A menos de que el confiese el problema y tenga un deseo honesto de cambiar su vida, el agresor (más que cualquier otra personalidad) nunca obtendrá la libertad. La razón principal es porque él tiene tantas vidas en sus manos que gana un sentido falso de poder a través de controlar las vidas de otros.

Cuando se ministre a un agresor, siga los patrones delineados en el capítulo que trata con los tipos específicos de abuso que él sufrió originalmente. Después empiece a buscar algunos de los mismos espíritus a continuación y permita que el Espíritu Santo le revele otros:

1. Abuso.
2. Violencia.
3. Ira, odio, rabia, hostilidad, asesinato.
4. Dominio y control, manipulación.
5. Miedo a ser expuestos.
6. Decepción, realidad falsa, mentiras.
7. Prefección.
8. Falta de perdón a sí mismos y a otros, incluso a Dios.
9. Tormento.
10. Amargura, resentimiento, odio a sí mismo.
11. Desesperanza, impotencia, desesperación.
12. Amnesia.
13. Sentir que son justos/santos.
14. Contienda y rivalidad.
15. Rechazo.

Capítulo XIV
EL MIEDO

El miedo se ha convertido en el compañero constante del hombre moderno. Entre más compleja y técnicamente avanzada se vuelve nuestra sociedad el hombre se encuentra acosado por miedos de todos tipos. Mientras la familia se deteriora, la tecnología y la contaminación amenazan nuestro medio ambiente y la enfermedades catastróficas captan nuestra atención, el hombre se siente completamente fuera de control de su vida, su futuro y su salud. Tal estado prepara el campo para que los temores se conviertan en fobias y hoy en día tenemos más tipos de personalidades que han sido diagnosticadas como fóbicas que en el cualquier punto de la historia del hombre.

Este problema es tan molesto para el cuerpo de Cristo como para el mundo secular. El incremento en la violencia y abuso doméstico han contribuido en gran manera al miedo en los niños, afectando la formación saludable de sus personalidades. Ya que el miedo se ha vuelto un problema tan extendido es esencial para un saludable cuerpo de Cristo que aquellos en liderazgo y ministerio aprendan a reconocer los síntomas de la personalidad fóbica y a detectar el miedo como la raíz de los síntomas. Deben de ministrar la libertad de Dios y Su sanidad de los efectos del miedo.

Esta necesidad incrementa a raíz de la forma de pensar actual de que el miedo, un enemigo común, no debería de ser considerado un desorden de la personalidad en sus etapas menos severas, sino que es el resultado de una cultura compleja, competitiva, afluente y tecnológica. Esta línea de pensamiento también asume que toda persona exitosa con un coeficiente intelectual razonable y una autoimagen intacta debería poder formar habilidades de afrontar y reprimir para tratar con el tumulto interior pro ducido por el miedo sin tener que buscar ayuda externa. Estas conclusiones erróneas han prevenido a muchos en el mundo secular de recibir ayuda, ya que sólo pocos están dispuestos a admitir debilidad. De hecho, parece que por la manera de pensar de hoy en día, entre más se convierta un problema en la expresión de la norma, se le da menos importancia en la iglesia.

Satanás se está empezando a infiltrar en la iglesia con esta lógica para poder ser libre de destruir y encarcelar a más gente que antes. El conoce tan bien la naturaleza car nal que conoce la forma más eficaz para paralizar a la igle sia; tratará de convencernos de que como el problema está tan extendido seríamos unos tontos en pensar que este tiene una causa espiritual y es el resultado de los primeros pecados. El de hecho está convenciendo a la iglesia de que pareceremos primitivos y supersticiosos y que nadienos tomará en serio si continuamos exponiendo y tratando con el miedo, esto lo deja a él totalmente libre para ser "el zorro en en gallinero".

El cuerpo de Cristo debería de estar gritando; "¡Despierten!" hay esperanza, libertad y sanidad para las raíces que producen el miedo. Tristemente, la verdad es que el miedo ha invadido al mundo, la iglesia y el mismo ministerio, por lo tanto este libro no proveerá un servicio real si no discutimos esas áreas de miedo bajo la conduc ta del cuerpo de Cristo.

Nuestro problema es que muchas veces es difícil desen mascarar la raíz de temor en la iglesia porque admitir temor es considerado no espiritual y carente aún en los niveles primarios de la fé. A continuación están enlistadas algunas de las raíces de temor que afectan las funciones del cuerpo:

1. EL MIEDO es una de las armas de destrucción más efectivas que Satanás ha lanzado en contra de la humanidad desde el huerto del Edén.

2. EL MIEDO es uno de los obstáculos más grandes para que el hombre viva una vida abundante, una vida llena de la confianza en la naturaleza de Dios y el conocimiento de que los planes y própositos de Dios son buenos y no malos.

3. EL MIEDO y desconfianza de Dios fueron los resultados del primer pecado y por lo tanto son parte de la maldición bajo la cual vivimos hoy en día. Tambíen son las armas más efectivas de Satanás para mantener a la gente lejos de entablar una relación con Jesucristo.

4. EL MIEDO es la emoción más universal expresada por el hombre. Puede impedir o frenar el crecimiento espiritual, mental y social, afecta relaciones, logros profesionales, creatividad y perspectivas sanas.

5. EL MIEDO que también se hace pasar por timidez, es expuesto y roto en oración bajo la unción de Dios.

6. EL MIEDO forza a la gente a evadir la confrontación de asuntos, situaciones e individuos aunque sepan que esa confrontación traerá libertad de malentendidos y restablecerá relaciones unidas y fraternales.

7. EL MIEDO produce una obsesión a la perfección. Si la gente esspiritual deben de recibir la dirección de Dios, se asume que esta dirección saldrá perfectamente sin ningún contratiempo, y si algo no sale bien, el nivel espiritual de la persona es cues tionado.

8. EL MIEDO estorba a aquellos en el cuerpo de Cristo y en el ministerio al causar duda de que escuchan a Dios. Esta duda mantiene a los cristianos lo suficientemente inestables para que sean temerosos y no sean una amenaza para Satanás.

9. EL MIEDO produce severa ansiedad sobre si Dios nos dará una responsabilidad más grande, especialmente si creemos que no podemos escucharlo.

10. EL MIEDO causa luchas severas contra sentimientos de insuficiencia e inferioridad lo cual a la larga previene el uso de nuestros dones y talentos.
11. EL MIEDO causa envidia, competencia, falta de confianza, cuestionamiento de motivos y la mentalidad de "Yo voy a edificar mi propio Reino".
12. EL MIEDO produce una imagen distorsionada de Dios la cual nos convence que Sus normas y requisitos son demasiado altos para alcanzarlos.
13. EL MIEDO logra poner distancia entre nosotros y Dios, impidiendo una relación íntima llena de amor con El.
14. EL MIEDO produce un "temor a Dios" pervertido, el cual nos convence de que somos Sus esclavos en lugar de Sus hijos con todos los beneficios de Su Reino a nuestro alcance. Así como el hijo pródigo perdemos años comiendo algarrobas en lugar de estar en los asuntos de la Familia, usando Sus anillos, Sus túnicas y Sus zapatos.
15. EL MIEDO mantiene a más gente en ataduras que cualquier otro espíritu. Les roba la habilidad de recibir la libertad de Dios al convencerles de que algo terrible, vergonzoso o dañino les pasará durante la ministración.

¿Por qué es tan importante hacer que la iglesia duerma y que no trate con las raíces que causan el miedo? Satanás CONOCE y TIEMBLA ante lo que nosotros en el cuerpo de Cristo parecemos no comprender. El poder que la iglesia posee a través de la sangre de Jesucristo traerá paz y libertad completas al corazón temeroso.

Parecemos haber olvidado cómo Jesús se dirigió a un individuo con problemas, en necesidad de sanidad o liberación o involucrado en un encuentro sobrenatural con Dios con la palabra "paz". El significado completo de esta palabra es "libertad de todos los efectos del pecado"; cómo debe de temblar Satanás al pensar que la iglesia podría levantarse, tomar su autoridad dada por Dios y echar fuera y exponer el miedo como lo que realmente es, uno de los efectos del pecado.

Recuerda, iglesia, que Dios dijo 365 veces "No temas" o alguno de sus derivados, un "no temas" para cada día del año. Además considere de que justo antes de que Jesús fuera crucificado, El le dijo a Sus discípulos en Juan 14:27:

"La paz os dejo, mi paz os doy; yo no os la doy como el mundo la da. No se turbe vuestro corazón, ni tenga miedo".

Podemos creer por el mandato al final del versículo que Jesús estaba ordenándoles ir a la ofensiva en contra del miedo. Este versículo debería de emocionarnos y de ani marnos ya que pone en claro que tenemos el poder y la autoridad para sacar el temor de nuestros corazones y ya no estaremos sujetos a los engaños de Satanás para par alizarnos con temor, ¡PODEMOS hacer algo para vencerlo!

Para aquellos en posiciones de liderazgo o ministerio es imperativo, por las siguientes razones, reconocer las man ifestaciones de la personalidad temerosa.

1. EL MIEDO paraliza nuestra habilidad para tomar decisiones.
2. EL MIEDO causa que reaccionemos en lugar de actuar.
3. EL MIEDO produce una tendencia de hacernos retirar a:
    a. Un lugar percibido como seguro y libre del daño.
    b. Un estado mental que reprime la consid eración del problema.
    c. Una situación de seguridad donde las tareas y responsabilidades pueden llevarse a cabo sin miedo de ser expuestos o evaluación negativa.
    d. Situaciones rodeadas por gente a la que percibimos como poco amenzantes.
4. EL MIEDO nos prohibe estirarnos y ser vulnera bles. Nos impide alcanzar todo nuestro potencial.

5. EL MIEDO nos hace volvernos incómodos, aver gonzados o tan paranoicos que nos hacemos hostiles y defensivos. (Esto hace un gran daño ya que los gru pos sólo avanzan cuando existe unidad y confianza mutua).

6. EL MIEDO nos induce a construir paredes altas de protección alrededor de nosotros y por lo tanto la interacción sana es imposible y no aprendemos a dar ni a recibir amor. (Esto nos prohibe entender o acep tar el amor de Dios sin importar cuantas veces se nos habla de él).

7. EL MIEDO produce en nosotros el rehusar com pulsivamente para admitir cualquier error o mal juicio.

8. EL MIEDO nos forza a tomar una posición defen siva resultando en una reacción terca y que no per mite recibir enseñanza.

9. EL MIEDO nos aleja de todos los tipos de con frontación, lo que limita nuestros niveles de éxito.

10. EL MIEDO nos encarcela detrás de rejas de ansiedad, pensando en enemigos invisibles y proble mas que nunca se materializan.

11. EL MIEDO nos impone una personalidad descri ta como inferior e insegura.

12. EL MIEDO nos ciega a funcionar mucho más abajo de nuestra capacidad porque pone un alto a la rutina diaria normal. El miedo altera nuestra habili dad para viajar, acercarnos al agua, cruzar puentes, subir a elevadores o escaleras, estar cerca de la gente, estar en espacios abiertos o cerrados, con templar las alturas o hablar delante de la gente.

Una personalidad fóbica no es formada por uno o dos eventos, la fobia es un problema progresivo por lo que un tipo de temor lleva al siguiente. En la mayoría de los casos los individuos afectados no tienen memoria con sci ente de la causa del miedo que los consume. Es muy interesante notar que cuando las raíces causa son comple tamente de naturale za espiritual, no hay razón ambiental o de experiencia para ese temor. Para complicar la situación, aquellas personas afectadas por el miedo se sienten tan desesperanzadas, frus tradas y anormales que son incapaces de pedir ayuda, por lo que compensan por sus temores tanto como pueden. Esta es una de las respuestas más difíciles de entender, prin cipalmente porque las personalidades fóbicas tienen más miedo de la habilidad de los profesionales para encerrar, institu cionalizar o humillarles al ponerlos en el ridículo público.

Debe de indicarse también que los niños son enseñados (a veces por medio de métodos avergonzantes, especial mente si son varones) que el miedo es una emoción débil y afeminada. Les metemos en la cabeza que no deben temer a nada y que si tienen miedo es porque su imaginación los está engañando y algunos padres hacen a sus hijos sentir que son unos fracasados si necesitan de una lamparita por la noche. Hoy en día somos culpables de adorar al machis mo a toda costa, nuestros héroes del cine y la televisión son toscos, agresivos e intimidantes y rara vez el protago nista masculino es calmado y amistoso. Como resultado de tal programación y de las normas públicas, aquellos que luchan contra el temor se sienten avergonzados e infe riores al resto de la sociedad.

En las etapas iniciales del problema la persona a menudo sabe como cubrir los síntomas externos o apartarse de situaciones que ponen el miedo en marcha mucho antes de que su comportamiento los descubra. Aquellos que se encuentran en las primeras etapas y los que están en las etapas avanzadas de la fobia tienen tanto control de sus facultades de razonamiento lógico que están al tanto de todo lo que está pasando. Es como si sólo fuer an observadores viendo los eventos que se desarrollan en una plataforma de la cual no tienen ningún control.

En la mayoría de los casos los síntomas que pueden observarse en las etapas tempranas del miedo son:

1. Intranquilidad sin control.
2. Una quietud que hace que el resto del grupo se sienta muy incómodo.

3. Un nivel bajo de autoestima.
4. Necesidad de constante refuerzo.
5. Lenguage corporal que presenta arrogancia y vanidad lo cual mantiene a los demás a distancia.
6. Movimiento excesivo de las manos.
7. Palmas sudorosas aunque estén quietos.
8. Risa nerviosa o expresiones inapropiadas de risa.
9. Un silencio que implica: "Encuentro todo esto debajo de mi necesidad de responder o involucrarme".
10. Una compulsión de dominar la conversación del grupo, la cual viene de la necesidad de protegerse de una evaluación del grupo.
11. Una necesidad de esconderse en el grupo, dando la declaración no verbal de "No estoy aquí y lo más importante es que ni tampoco quiero estar".
12. Un espacio territorial amplio.
13. Ojos muy observadores que ven todos los cambios en su ambiente.
14. Un enorme temor si no puede observar toda entrada y salida del cuarto.
15. Una necesidad de tocar excesivamente a todos con los que se comunican para ganar seguridad y aprobación.
16. Una apariencia ruborizada.
17. Una complexión extremadamente pálida.

Además de las personas temerosas y con fobias las que desarrollan como resultado de otros problemas de personalidad, hay otras fobias. Estas surgen de un evento traumático o son el resultado de espíritus heredados.

Una simple definición de FOBIA es: miedo que ha progresado a un nivel irracional. Su víctima generalmente se da cuenta de su irracionalidad pero no puede frenar su control sobre su vida. La definición sola es una indicación de que tiene una raíz espiritual, ya que el comportamiento que se vuelve salvaje y se encuentra fuera del control del individuo sin causa aparente ¡lleva la firma de Satanás con letras mayúsculas!

La definición anterior indica que una personalidad fóbica trae una serie de problemas a un grupo y el miedo es tan contagioso como la rebeldía. Los individuos fóbicos funcionan en niveles de desesperante consciencia de sus problemas y cuán irracional lucen a los observadores. Al darse cuenta de lo ridículo que parecen desarrollan mecanismos de defensa para alejar a los demás antes de que puedan lastimarlos o burlarse de ellos. Se encuentran controlados por algo que no entienden y los niveles de frustración resultantes hacen que las personas temerosas sean difíciles de entender.

Debe notarse que uno de los primeros obstáculos que se puede enfrentar cuando se ofrece la libertad a los individuos con fobias es que en sus mentes inconscientes hay un beneficio en las fobias. Probablemente tengan dificultad para soltar sus problemas hasta que odien sinceramente los efectos. Entre estos supuestos beneficios está que la fobia actúa como un mecanismo de defensa. Inconscientemente no confían en sí mismos para controlar sus impulsos peligrosos y también sirve como un escape para la tensión interna que no pueden manejar satisfactoriamente. De hecho, la fobia encubre la raíz del temor, por ejemplo, suponga que un hombre ha desarrollado un miedo a ser despedido de su trabajo porque sus demandas están por encima de sus capacidades. Es necesario que él cruce por varios puentes en su camino al trabajo, así que su miedo al despido es transferido al miedo a los puentes, lo cual le permite renunciar a su trabajo y así nunca exponer su raíz miedo a la insuficiencia. Es imperativo que cuando usted ministre a esta persona el problema verdadero salga a flote por sus preguntas. Los temores tan intensos como la fobia incrementan la atención, simpatía, ayuda y control sobre la gente y situaciones. La víctima puede ahora ser libre de experimentar situaciones poco placenteras que pudieran mostrar su debilidad o forzarle a empezar a tomar la responsabilidad por su mejora.

En las próximas secciones daremos una lista de las fobias más comunes y describiremos algunos de los síntomas más evidentes.

Una de las fobias más comunes es el MIEDO AL AGUA. Una vez que el individuo ha permitido inconscientemente el miedo progresar a fobia, la puerta se abre para que Satanás plante espíritus de temor relacionados. Estos temores pueden haberse originado de eventos traumáticos o eventos que el niño percibe como traumáticos. La secuencia menudo comienza con el miedo a algún estrecho grande de agua, como una piscina y luego cuando toma más control y progresa incluye ríos, arroyos, lagos, estanques y el océano. Cuando este temor domina a la persona, esta se vuelve temerosa de puentes, barcos y hasta tinas de baño. El miedo se manifiesta causando un ataque de ansiedad severo y la persona empieza a experimentar palmas sudadas, los procesos mentales se paralizan, falta de aire o nausea severa. Puede haber pérdida de la habilidad consciente de tomar acción, pero ninguna pérdida de funciones corporales o de operación. De hecho muchos funcionan superando el miedo en un estado como de trance.

Esta fobia se manifiesta como sigue: Cuando se encuentran manejando un automóbil y se acercan a un puente a menudo se congelarán y serán incapaces de cruzar el puente o perderán consciencia de sus alrededores. Se quedarán inmóbiles hasta que algo los saque de ese estado (bocinas, gente). La mayoría de las veces a ese punto le darán la vuelta al automóbil y buscarán una ruta alterna, si son pasajeros el pánico se vuelve tan severo que pierden el control y su comportamiento alcanza niveles intensos de emoción, llegando incluso a demandar salirse del automóbil y caminar. Esto presenta otro problem ya que empezarán a cruzar el puente y quedarán inmobilizados sin poder ir adelante o hacia atrás.

El miedo al agua está relacionado a veces con el temor de ahogarse y el miedo a la muerte, lo cual puede desarrollarse al ser aventados en una piscina cuando eran niños en un intento de enseñarales a nadar.

Cuando el problema se intensifica los individuos inadvertidamente abren la puerta a más problemas opresivos, por ejemplo, ahora desarrollan miedo a lugares encerrados si se les forza a subirse a un barco, lo cual progresa hasta el punto donde la persona está luchando una batalla contra la claustrofobia también.

LA CLAUSTROFOBIA aflige a un creciente número de personas mientras que la violencia y otras tensiones de nuestra sociedad altamente urbana toman el control de nuestras vidas. Este temor consiste en una combinación de temores: de espacios apretados, miedo a la oscuridad, a lugares pequeños y miedo a los lugares concurridos. La clautrofobia con frecuencia opera cuando la persona está sola pero puede salir aflote cuando perciben que un lugar está muy concurrido y no tiene salidas adecuadas.

Los síntomas incluirán también ansiedad intensa, palmas sudadas, los procesos mentales se paralizan, ataques de pánico, falta de aire y nausea. Aunado a estos síntomas estarán las demandas por un amplio espacio territorial y una falta de habilidad para vestir ropa ajustada y restrictiva, especialmente si tiene que ponerse por arriba de su cabeza. No podrán subirse en elevadores, especialmente si ya hay gente abordo y no podrán cerrar la puerta en las casetas telefónicas. Solamente con una gran dificultad podrán permanecer en filas largas que tengan barreras de restricción, no permitirán que se les de una mesa donde se sientan acorralados ni tampoco usarán medios masivos de transporte.

Cuando este miedo progresa sus víctimas de nuevo abren la puerta a otros problemas y se vuelven temerosas de las multitudes, de ser abandonadas y temerosas de la oscuridad, al punto de volverse incapaces de vivir una vida plena y normal. Ir de compras en las tiendas que tengan pasillos angostos se vuelve imposible, comprar ropa se complica ya que no pueden usar los probadores cerrados y manejar su automóbil en horas de mucho tráfico les causa un pánico intenso, ya que se sienten acorralados y tienen que luchar en contra de su necesidad de salirse y correr. Ellos se deterioran hasta el punto de que a veces hasta las escaleras de emergencia se vuelven objeto de negociación o que un vestidor se vuelve una barrera abrumadora para poder vestirse.

La claustrofobia parece tener sus raíces en el maltrato en la niñez, el suceso de un evento traumático o una situación que se sale de control, por ejemplo, tal vez un niño fue encerrado en un lugar pequeño y oscuro y permaneció ahí por un período de tiempo como castigo o abuso. Otro ejemplo pudiera ser un parto difícil que le causó al bebé una experiencia cercana a la muerte, ya que un período anormalmente largo en el canal pudo haber sido la causa. La claustrofobia puede también originar de un miedo que resulta de sofocar a un niño, una expresión de abuso o en una situación de juego donde al niño se le hacen cosquillas repetidamente hasta el punto de que pierde su aliento. Puede originar a raíz de un accidente donde uno estuvo atrapado por largo tiempo. La claustroobia puede ser inducida en la edad adulta por las mismas causas y parece progresar más rápido si entra en la edad adulta.

Una fobia que actualmente se encuentra acaparando mucha atención es la AGORAFOBIA. La agorafobia puede ser mejor descrita como el miedo a los espacios abiertos. La gente que sufre de esta fobia tienen a su disposición un gran número de grupos de apoyo para ayudarles a recobrarse, hay consejeros y terapeutas que se han especializado en esta fobia y están dispuestos a hacer visitas caseras. Hay muchas teorías acerca de la raíz de la agorafobia, desafortunadamente, hay más cosas desconocidas sobre este problema que lo que se conoce. Su inicio parece ser repentino y sin razón aparente. Está relacionado con otras fobias lo cual tal vez explique su apariencia repentina en la vida de sus víctimas. Algunos dicen que están bien un día y se encuentran experimentando síntomas al día siguiente.

Las fobias que se relacionan a la agorafobia son el temor de la gente, miedo a la comparación, miedo a los rostros de la gente y miedo a uno mismo. A estas alturas las víctimas ya no confían en sus propias reacciones o habilidades de funcionar normalmente. Los síntomas iniciales son los mismos que en cualquier otro temor. Su inicio ocurre cuando los individuos son forzados a entrar a ambientes que ellos no perciben como seguros, por lo que el primer ataque de pánico ocurre cuando manejan un automóbil. De repente se abruman con la necesidad de volver a casa y si no lo hacen inmediatamente, empiezan a experimentar las reacciones de miedo frecuentes.

Un patrón interesante puede ocurrir en estos casos si los individuos ceden al pánico, lo más probable es que ya no podrán volver a manejar, y si luchan y vencen con éxito la primera incidencia de reacción física, tendrán nauseas al sólo pensar en manejar a cualquier lugar solos. Como resultado buscan la compañía de un líder intimidante al que consideran confiable. Cuando se observa que lo primero que hacen es buscar a una persona intimidante y con autoridad se puede pensar que la agorafobia tiene su raíz en una personalidad dañada. Los individuos fóbicos a menudo son atraídos por una figura en autoridad que para sus propias necesidades quiere mantenerlos dependientes.

Sin tratamiento y sin ministración la duración de esta etapa depende de la habilidad de luchar de la víctima. La condición puede continuar deteriorándose hasta que las víctimas ya no puedan funcionar normalmente aún con la figura en autoridad a su lado. A este punto los síntomas incluirán mareos, una tendencia a los desmayos y para noia, oirán voces que la gente que está en lugares abiertos quiere lastimarlos.

La siguiente etapa tiene a las víctimas incapaces de entrar a lugares abiertos sin importar la ocasión ni la com pañía e incluso dejan de visitar a su familia y amigos que conocen bien y no deberían de percibir como una amenaza. Si el patrón de encierro no es revisado los individuos se vuelven incapaces de dejar su casa y en esta última etapa no podrán salir del cuarto donde se sientan seguros ni podrán permitir que nadie más entre. Los síntomas en esta etapa incluirán voces que les dicen que harán el ridículo si salen, podrán sufrir de histeria que los hará correr en pánico o que se inmobilizen y no puedan moverse y algunos se infligirán dolor para eliminar la angustia mental. Tales temores extremos han sido atribuidos a la tortura mental donde uno es regañado constantemente o el fin (o cambio) de una relación de dependencia.

La fobia más reciente que ha captado la atención de los medios de comunicación es el SINDROME DE PANICO REPENTINO (S.P.R.). Mientras la moral y costumbres de nuestra sociedad continuan cambiando y se vuelven más complicadas, lo mismo sucede con los temores y las fobias que sufrimos. Una relación interesante es que los síntomas de estas dos fobias modernas (agorafobia y S.P.R.) parecen ser más devastadores y más difíciles para trazar sus raíces. Una observación es que S.P.R. se ha vuelto más frecuente cuando los terapistas y consejeros empezaban a confiar en el progreso que se estaba logrando con el tratamiento de la agorafobia. ¿Pudiera ser que estamos observando el principio del cumplimiento de una de las señales listadas en Lucas 21:25-36? En el versículo 26 dice:

"Desfallecieron los hombres por el temor y la expectación de las cosas que sobrevendrán en la tierra; porque las potencias de los cielos serán conmovidas".

Por el momento el S.P.R. está siendo diagnosticado como un desorden genético que inunda el cuerpo con cien veces más adrenalina de la que se necesita cuando ocurre un trauma severo y ya que es genético se considera incurable. Sin embargo, sus síntomas pueden ser tratados con medicamento. Uno de los elementos más confusivos de este desorden es que puede desaparecer por años para después reaparecer sin advertencia o causa alguna. No parece haber un acuerdo claro de lo que induce su desaparición.

S.P.R. es un desorden doble el cual consiste de pánico y fobia. Los cuatro síntomas más comunes del pánico son:

1. Hiperventilación, lo cual causa que la víctima de S.P.R. sienta que no puede respirar.
2. Sensación de un ataque cardiaco y sentir que uno está muriendo.
3. Temblando y sacudiendo.
4. Manos sudadas.

Los cinco síntomas más comunes de la fobia asociada con S.P.R. son:

1. El desarrollo de miedos abrumadores que varían según cada víctima, pero que siempre sirven para abreviar y finalmente eliminar sus actividades.
2. Falta de energía que se intensifica cuando se añaden nuevos temores.
3. Retiro de la sociedad, amigos y familiares al intensificarse el desorden porque los ataques llegan sin ninguna advertencia.
4. Posible desarrollo de estos temores en paranoia.
5. Desarrollo de un sentimiento de que ya no son normales.

Ya que todavía hay mucha incertidumbre y misterio sobre S.P.R. nos conviene considerar las causas espirituales. Cuando se ministre a una persona con S.P.R. la relación entrelazada entre el pánico y las fobias no debe ser ignorada, por lo tanto, los espíritus que generalmente se encuentran en el pánico son la histeria, miedo, pavor, preocupación y ansiedad. Estos debe de ser eliminados en conjunto con aquellos relacionados con cada fobia individual que la víctima sufre. Sería bueno averiguar a través del Espíritu Santo si también están presentes aquellos espíritus encontrados en las personalidades compulsivas y adictas, especialmente aquellos que se involucran en la adicción a la adrenalina.

Otro miedo que prevalece hoy en día es el MIEDO A LA OSCURIDAD. Estas personas son realmente incapaces de entrar a un cuarto oscuro, dormir en la oscuridad, caminar afuera en la noche o manejar solos por la noche y tienen un temor profundo a ser atacados. Los síntomas son:

1. Cuando caminan por una calle o pasillo oscuro experimentan una alta dosis de adrenalina.
2. Sus manera de dormir es inquieta y duermen en intervalos cortos, los cuales empiezan al amanecer.
3. Se imaginan a monstruos en su cuarto, closets y bajo sus camas.
4. Tienen tendencia a las pesadillas.
5. Se despiertan con ataques de ansiedad severos.
6. Cuando salen de noche imaginan que oyen a alguien detrás de ellos.
7. Cuando manejan sienten la presencia de alguien listo para hacerles daño en su automóbil.
8. Luchan contra una urgencia de salirse del camino.

Los síntomas adicionales se cubren con gran detalle en los capítulos que tratan con las diferentes formas de abuso.

Dios se dio cuenta que el temor, de una forma u otra, sería una fuerza para llevar al hombre a pecar. El siempre reconoció su existencia y proveyó a través del poder del perdón la libertad de la destrucción que trae el miedo. Dios, conociendo bien la naturaleza del hombre, entendió que el temor aparecería cuando El se revelara en una forma sobrenatural, por lo que en toda gracia proveyó paz y una respuesta para este temor en Su propia naturaleza. En Jueces 6:24 vemos la provisión de Dios cuando se reveló como Jehová durante un encuentro con Gedeón. En la vida de Abraham Dios reveló Su carácter y Su naturaleza al cambiar Su nombre para establecer el fundamento de la fe de Abraham, por lo tanto, no debería sorprendernos encontrar a Dios tratando desde el principio con este problema de temor. En Génesis 15:1 Dios cambió Su nombre a Jehová Magon y dijo:

"*No temas, Abram; yo soy tu escudo y tu galardón será en sobremanera grande*".

La ilustración es de un escudo realizado individualmente y que se extendía del cuello hasta por abajo de las rodillas e iba completamente alrededor del guerrero. Dios parecía estar diciendo: "Te tengo cubierto".

A través de los evangelios Jesús dijo "no temas". El miedo hizo que Elías fuera al desierto en un viaje de cuarenta días para escapar de una mujer cuya imagen Satanás había exagerado en su mente al grado de tener proporciones superiores al ser humano. Si podemos establecer la verdad de Génesis 15:1 en nuestros espíritus y en los espíritus de aquellos a los que ministramos, Satanás habrá perdido su clave más grande para mantener a la gente en esclavitud.

Cuando ministramos a aquellos con intensos temores empiece a darles bases escriturales para restablecer su fe. No hay prisión tan grande de la que Dios no pueda liberar a Sus hijos y no hay nada demasiado difícil que Dios no pueda hacer.

Después establezca el hecho de que sus temores no avergüenzan a Dios, no lo sorprenden o encuentran falto de preparación para ocuparse de ellos. ¿Son el resultado de una de las otras personalidades mencionadas en este libro o es en realidad el temor la raíz problema? Separe el principal temor y proceda a eliminar sus posibles causas, ya sean naturales o espirituales. Recuerde determinar si están listos o no para vivir una vida libre de miedo, para operar en los niveles normales de productividad y responsabilidad.

Algunos de los espíritus que pudieran estar presentes además de los que están directamente relacionados con los temores del individuo son:

1. Rey de los terrores.
2. Miedo a los recuerdos y de recordar experiencias traumáticas.
3. Miedo a ser expuestos.
4. Miedo a el pasado.
5. Miedo a el rechazo.
6. Miedo a el dolor.
7. Miedo a ser ridiculizado.
8. Miedo a fracasar.

9. Miedo a ser abandonado.
10. Miedo a no ser amado y aceptado.
11. Miedo al éxito.
12. Miedo de Dios y de Sus caminos.

Para declarar lo obvio, uno que tiene extremo miedo de acercarse al agua tiene un espíritu de temor, así que usted puede ver que los espíritus específicos que se encuentran en cada una de las fobias a menudo revelan sus nombres por medio de sus acciones.

Capítulo XV

EL CUIDADO POSTERIOR

Todos queremos respuestas rápidas para cada una de las preguntas y soluciones inmediatas para cada proble ma, desafortunadamente la vida es más compleja de lo que nos imaginamos. La mayoría de la gente ha acumulado años de vida con problemas antes de buscar ayuda o encontrar a alguien que en realidad los pueda ayudar. La mayoría de los terapeutas seculares piensan que el hom bre es un ser con dos partes, el alma y el cuerpo, pero Dios nos hizo seres con tres partes, el cuerpo, el alma y el espíritu. Si ignoramos la dimensión espiritual somos como la avestruz que mete su cabeza en la tierra. Estamos pro gramados por nuestros genes para crecer fisicamente hasta llegar a la madurez, la dieta y la nutrición alteran lo que la naturaleza ha dispuesto. Si el cuerpo es privado de proteínas o minerales importantes durante las etapas de crecimiento, habrá efectos serios y permanentes como resultado de esto. Lo mismo es cierto en nuestro desarrol lo emocional; si un niño es privado de cuidados las conse cuencias quedan registradas en la personalidad. No se puede sobre enfatizar que el cuidado con cariño y ternura debe empezar después de la concepción y continuar hasta la madurez.

Nosotros damos dosis terapeúticas de vitaminas y min erales a las personas desnutridas para intentar vencer los efectos de la privación, lo cual a veces es de beneficio pero no es cien por ciento efectivo y sólo podemos reducir el daño y prevenir más efectos negativos. Así también podemos llenar de atención a los que no son amados, queridos, los maltratados y los desechados pero de la misma forma esto puede ser un poco tarde.

Tenemos que saber que con Dios todo es posible y que la oración ferviente del justo puede mucho y lo que pudiera ser imposible en el mundo es algo pequeño para el Señor. Debemos de aguardar con paciencia así como el agricultor espera la fruta preciosa, no debemos de dar por vencida la esperanza. Hemos visto transformaciones notables en la actitud, la personalidad y la autoestima de muchos individuos y hemos visto también el poder de Dios libertar a gente de una vida completa de atadura demoniaca en sólo minutos, una atadura que años de terapia y consejería no tocaron nunca. Jesús vino a poner en libertad a aquellos que están atados y a dejar en libertad a los oprimidos.

Una vez que son libres hay un período de tiempo cuando la nueva manera de pensar se desarrolla y los hábitos viejos tendrán que ser remplazados por unos nuevos. Así como un paciente médico necesita tiempo para la recuperación, terapia física y cuidado posterior así también las víctimas de la destrucción de Satanás. Siempre existe el peligro que aquel que es libertado se meta muy pronto en áreas donde no es lo suficientemente fuerte para resistir los ataques y ofensivas del enemigo. Dios le advirtió a los hijos de Israel que lo les daría la tierra en un año "*...para que no quede la tierra desierta y se aumenten contra ti las fieras del campo. Poco a poco los echaré delante de ti, hasta que te multipliques y tomes posesión de la tierra*". (Exodo 23:29-30)

En III de Juan 1:2 leemos:

"*Amado, yo deseo que tú seas prosperado en todas las cosas, y que tengas salud, así como prospera tu alma*".

Una vez más se nos recuerda la conexión entre el psuche (alma) y el soma (cuerpo). Cuando el alma prospera el cuerpo disfruta salud, la meta es la salud completa en el cuerpo, el alma y el espíritu. Mientras que el mundo secular se centra en el "cuerpo" la base real para la prosperidad y la salud se encuentra en el mundo espiritual. La violación de las leyes de Dios tiene consecuencias inevitables. No importa lo que el mundo secular diga, el pecado es pecado y *"el alma que pecare, esa morirá"*. No importa lo que el hombre haga para cambiar la verdad y volverla una mentira, el espíritu del hombre sabe que la persona está pecando y esto le trae culpa, lo cual empieza a tener un efecto en el alma y esta a cambio causa reacciones en el cuerpo.

Para tener verdadera salud corporal la persona debe reconciliarse con Dios, confesar todos sus pecados, arrepentirse de ellos y caminar en obediencia a la Palabra de Dios. El pecado persistente causa enfermedad al alma y al cuerpo. Pare el pecado y la enfermedad cesará ya que el virus es la consecuencia por el pecado. El pecado abre la puerta a la infección tanto física como espiritual y un cuerpo con defensas debilitadas puede ser atacado por bacteria, virus y hongos. Un alma que no tiene fuerza espiritual será una presa fácil para los espíritus malignos que habitan en nuestra sociedad.

En el quinto capítulo del evangelio de San Juan después de que Jesús sanó al hombre junto al estanque de Betesda, Jesús le dijo *"no peques más, para que no te venga alguna cosa peor"*. El tiempo del verbo es "parar de seguir pecando". El mensaje es claro que el seguir pecando ha abierto una puerta y "algo" ha venido a el hombre y Jesús lo acaba de liberar de ello. El seguir pecando permitirá que algo peor "le venga". En Lucas 11:24-25 Jesús nos dice que cuando el espíritu deja al hombre tratará de regresar y volver a entrar, trayendo consigo a otros que son más malvados que él y el estado final de la persona será peor que el inicial. Es importante que la persona liberada de espíritus inmundos camine en rectitud y evite sus antiguos caminos de pecado, manteniendo la "casa" llena de cosas buenas y limpias.

Proverbios 23:7 dice: *"Porque cual es su pensamiento en su corazón, tal es él"*. En II de Corintios 10:4 nos dice que debemos traer todo pensamiento cautivo a la obediencia de

Cristo. Somos responsables por nuestros pensamientos, la batalla se pelea en la mente y lo que meditemos nos controlará, es por eso que se nos manda que meditemos en la Palabra de Dios día y noche. Tener pensamientos inmundos, codiciar, engañar, recordar y revivir una herida antigua causará que una raíz de amargura brote y produzca bilis y ajenjo.

El ministerio al oprimido no es cosa de una sola vez. Debe de haber un compromiso para su seguimiento y para restaurar la salud de la víctima. Recuerde la parábola del Buen Samaritano. Jesús derrama aceite y vino pero nosotros somos los de la posada y atenderemos al herido hasta que se recupere y cuando Jesús regrese El nos pagará lo que hayamos gastado.

Considere a un árbol muy joven que está doblado y atado a un palo que está enterrado. Esta es una condición fuera de lo natural y si este árbol permanece en esta condición por un largo tiempo tendrá consecuencias serias. Después de meses o años de estar "atado" al palo ocurrirán cambios en la dirección de las ramas que crecen "hacia arriba" para alcanzar el brillo del sol. Las ramas inferiores se marchitarán y tal vez morirán por la falta de luz y el resultado será un árbol anormal. Ahora suponga que alguien viene, ve la situación y decide cortar la soga que amarra al árbol, ¿acaso el árbol al ser soltado se endereza y toma su forma normal? ¡por supuesto que no!

¿Por qué esperaríamos que la gente que ha estado atada por años con cadenas de oscuridad de repente se vuelva normal después de una sesión de ministración? Después de que el árbol es liberado el tronco debe empujarse y arreglarse cuidadosamente para que quede derecho y hacia arriba. Entre más ha crecido el árbol en la posición atada más difícil será enderezarlo y los resultados serán menos perfectos. Así es con la gente que ha vivido una vida de ataduras. El pueblo de Dios deben ser árboles rectos, derechos, bien formados y llevando fruto.

Es importante para el que recibe la ministración tener una relación con un cuerpo de creyentes que inteceda por él y le ministren amor, aceptación y animación. Necesitan una familia con la cual relacionarse y aprender de ellos las respuestas correctas a situaciones como Cristo mismo. Nosotros como cristianos debemos responder a las situaciones de la vida como Jesús lo haría, ya que sólo así podremos criar niños sanos en el Reino.

Conocerán que somos cristianos por nuestro amor y no por nuestros dones o nuestro conocimiento de la Biblia. Solamente cuando la Biblia se convierta en un libro viviente, manifestado en nuestra vida diaria por el Espíritu de Dios el cual es amor, será entonces efectiva en el mundo. El amor nunca falla.